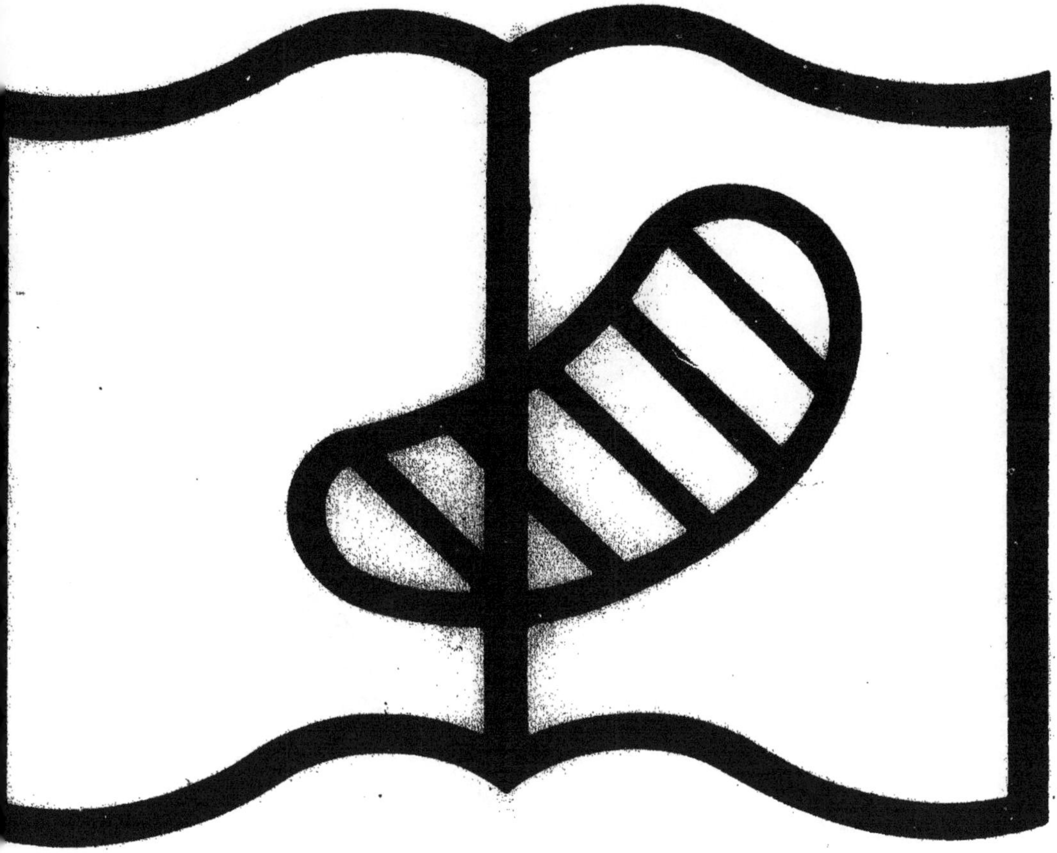

Original illisible

NF Z 43-120-10

Symbole applicable
pour tout, ou partie
des documents microfilmés

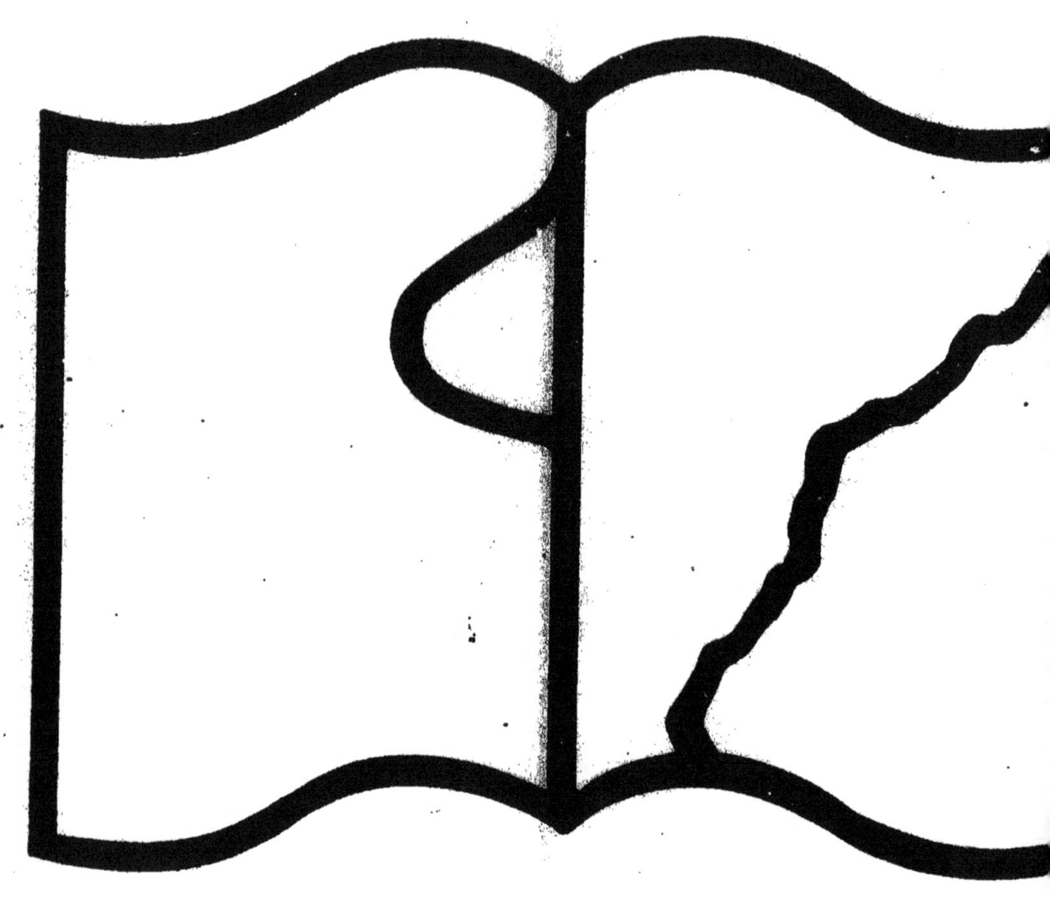

Texte détérioré — reliure défectueuse

NF Z 43-120-11

**Symbole applicable
pour tout,ou partie
des documents microfilmés**

PAUL STAPFER

PROFESSEUR A L'UNIVERSITÉ DE BORDEAUX

DOYEN HONORAIRE DE LA FACULTÉ DES LETTRES

PARADOXES ET TRUISMES

D'UN

ANCIEN DOYEN

PARIS

LIBRAIRIE FISCHBACHER

Société anonyme

33, RUE DE SEINE, 33

1904

PARADOXES ET TRUISMES

D'UN

ANCIEN DOYEN

OUVRAGES DU MÊME AUTEUR

DES RÉPUTATIONS LITTÉRAIRES. Essais de morale et d'histoire. 1901, 2 volumes in-12 . . . . 7 »

PETITE COMÉDIE DE LA CRITIQUE LITTÉRAIRE. 1866. 1 volume in-12 . . . . (Epuisé)

LES ARTISTES JUGES ET PARTIES. *Causeries guernesiaises.* 1869. 1 volume in-8 . . . . (Epuisé)

LES ARTISTES JUGES ET PARTIES. *Causeries parisiennes.* 1872. 1 volume in-12 . . . . 3 50

LAURENCE STERNE. *Sa personne et ses ouvrages.* Etude précédée d'un fragment inédit de Sterne. 1870. 1 volume in-8 . . . . 7 »

SHAKESPEARE. ET L'ANTIQUITÉ. (*Ouvrage couronné par l'Académie française.*) 2ᵉ édition.
    A. *Drames et poèmes antiques de Shakespeare.* 1884. 1 volume in-12 (Fischbacher) 3 50
    B. *Les Tragédies romaines de Shakespeare.* 1883. 1 volume in-12 (Fischbacher) 3 50
    C. *Shakespeare et les Tragiques grecs.* 1888. Nouvelle édition. 1 volume in-12 (Lecène et Oudin). 3 50
    D. *Molière et Shakespeare.* 1886. 4ᵉ édition. 1 volume in-12 (Hachette). 3 50

ETUDES SUR LA LITTÉRATURE FRANÇAISE MODERNE ET CONTEMPORAINE. 1881. 1 vol. in-12 (Fischbacher). 3 50

VARIÉTÉS MORALES ET LITTÉRAIRES. 1881. 1 volume in-12 (Fischbacher) 3 50

PRÉFACE POUR UNE TRADUCTION DE *Faust.* 1885 (Jouaust).

PRÉFACE POUR UNE TRADUCTION DE *Werther.* 1886 (Jouaust).

RACINE ET VICTOR HUGO. 1886. 6ᵉ édition. 1 volume in-12 (A. Colin et Cⁱᵉ). 3 50

GŒTHE ET SES DEUX CHEFS-D'ŒUVRE CLASSIQUES. 1887. 2ᵉ édition. 1 volume in-12 (Fischbacher) 3 50

RABELAIS. *Sa personne, son génie, son œuvre.* 1889. 4ᵉ édition. 1 volume in-12 (A. Colin et Cⁱᵉ). . . . . 4 »

MONTAIGNE. (Collection des Grands Ecrivains français.) 1895. 1 volume in-12 (Hachette). . . . . 2 »

LA FAMILLE ET LES AMIS DE MONTAIGNE. 1896. 1 volume in-12 (Hachette) 3 50

LA GRANDE PRÉDICATION CHRÉTIENNE EN FRANCE; BOSSUET, ADOLPHE MONOD. 1898. (*Ouvrage couronné par l'Académie française.*) 1 volume in-8 (Fischbacher). . . 7 50

BILLETS DE LA PROVINCE, PAR MICHEL COLLINE. 1898. 1 volume in-12 (Stock). . . . . 2 »

VICTOR HUGO ET L'AFFAIRE DREYFUS (Ollendorff). » 50

VICTOR HUGO ET LA GRANDE POÉSIE SATIRIQUE EN FRANCE. 1901. 1 volume in-12 (Ollendorff). 3 50

PAUL STAPFER

PROFESSEUR A L'UNIVERSITÉ DE BORDEAUX

DOYEN HONORAIRE DE LA FACULTÉ DES LETTRES

PARADOXES ET TRUISMES

D'UN

ANCIEN DOYEN

PARIS

LIBRAIRIE FISCHBACHER

Société anonyme

33, RUE DE SEINE, 33

1904

PARADOXES ET TRUISMES

D'UN ANCIEN DOYEN

La pluspart de nos vacations sont farcesques;
mundus universus exercet histrioniam. *Il faut*
jouer duement nostre roolle, mais comme roolle
d'un personnage emprunté : du masque et de l'ap-
parence, il n'en faut pas faire une essence réelle;
ny de l'estrangier, le propre : nous ne savons pas
distinguer la peau de la chemise; c'est assez de
s'enfariner le visage, sans s'enfariner la poitrine.
J'en vois qui se transforment et se transsubstan-
cient en autant de nouvelles figures et de nou-
veaux estres, qu'ils entreprennent de charges; et
qui se prelatent jusques au foye et aux intestins, et
entraisnent leur office jusques en leur garderobbe;
je ne puis leur apprendre à distinguer les bonne-
tades qui les regardent, de celles qui regardent
leur commission, ou leur suite, ou leur mule; ils
enflent et grossissent leur âme et leur discours
naturel, selon la hauteur de leur siège magistral.
Le maire et Montaigne ont toujours esté deux,
d'une séparation bien claire. Pour estre advocat

ou financier, il n'en faut pas mescognoistre la fourbe qu'il y a en telles vacations : un honneste homme n'est pas comptable du vice ou sottise de son mestier, et ne doibt pourtant en refuser l'exercice ; c'est l'usage de son païs, et il y a du proufit ; il faut vivre du monde, et s'en prevaloir, tel qu'on le treuve. Mais le jugement d'un empereur doibt estre au dessus de son empire, et le voir et considérer comme accident estrangier ; et luy, doibt savoir jouir de soy à part, et se communiquer, comme Jacques et Pierre, au moins à soy mesme.

MONTAIGNE,

Essais, III, 10 : De mesnager sa volonté.

CHAPITRE PREMIER

LA RÉFORME DE L'ENSEIGNEMENT SUPÉRIEUR

Sans autre titre que mon doctorat, obtenu en 1870 au moyen d'une thèse française sur Sterne et d'une thèse latine sur je ne sais quoi [1], astucieusement dédiée à mon professeur de rhétorique, M. Durand, qui tint à honneur d'en corriger les solécismes, — n'étant point agrégé, n'ayant passé ni par le stage habituel de l'enseignement secondaire, ni par la discipline de l'Ecole normale, — je fus chargé, le 1er décembre 1874, du cours de « littérature étrangère » à la Faculté des lettres de Grenoble, par M. de Cumont, ministre de

1. *Qualis sapientiae antiquae laudator, qualis interpres Franciscus Baconus exstiterit.* Je sais fort bien sur quoi était cette thèse, qui n'est pas aussi ennuyeuse que vous croyez. Je l'ai librement paraphrasée, du simili-latin, où personne ne l'aurait jamais lue, en français, dans l'avant-dernier chapitre de mes *Causeries parisiennes* (1872)... où on ne l'a pas lue davantage.

l'Instruction publique et gaffeur légendaire, ou, plus exactement, par M. Dumesnil, alors directeur de l'enseignement supérieur.

Il est bien clair que ce n'était point mon mérite qui avait attiré sur moi l'attention. J'arrivai, comme il est de règle, « par les femmes ». Je veux dire que Mme X..., qui s'était intéressée à moi sur la recommandation de Mme Z..., ayant eu la bonne idée de m'inviter à un dîner où elle avait M. Dumesnil pour principal convive, me présenta à lui, le pria gentiment de me caser, et telle fut l'origine très simple de ma fortune universitaire.

Le *népotisme* acheva de faire pour moi ce que l'intrigue avait si bien commencé. Un peu moins de deux ans après, M. Waddington, ancien ambassadeur d'Angleterre, ministre de l'Instruction publique, étant au pouvoir, je devins (car j'avais été précepteur de son fils) professeur titulaire. Oh ! quel scandale naïf cette nomination avant terme causa à mon doyen stupéfait, le grave et correct Antonin M... de L..., qui ne l'avait pas demandée officiellement ni si tôt, comme il m'en fit l'aveu dépouillé d'artifice, et qui tenait beaucoup aux fo-ormes !

Je suis donc un fonctionnaire assez ancien

et un homme assez vieux, hélas ! pour avoir
vu, dans les dernières années de sa longue
agonie, vivre encore et mourir le régime déli-
cieux où le professeur de Faculté ne formait
pas d'élèves, mais s'adressait à un auditoire
libre et flottant, composé de dames mûres,
d'officiers en retraite, de vieux magistrats
amis des lettres, enfin d'invalides et de che-
mineaux entrés dans l'amphithéâtre à cause
du poêle.

Si ce type ineffable d'enseignement supérieur avait duré, j'aurais pu m'installer très
confortablement dans ma chaire de « littérature
étrangère ». Car je savais presque assez d'allemand et plus qu'assez d'anglais pour discourir sans fin sur Gœthe et sur Shakespeare...
avec des traductions. Mais, précisément vers
1875, quelques maîtres sérieux et réfléchis,
parmi lesquels les universités françaises de-
vraient bien garder tout particulièrement le
souvenir de mon excellent collègue de Grenoble, Eugène Fialon, professeur de « littérature
ancienne », s'avisèrent un jour que les Facultés étaient des écoles et qu'à ces établissements d'instruction publique convenait la
fonction d'instruire la jeunesse.

Comme toutes les grandes idées d'avenir,

celle-ci fut mise obscurément en pratique par
des hommes de bonne volonté, avant de
prendre dans le régime des Facultés sa place
officielle et de s'imposer obligatoirement à
tous les maîtres. Et de même que la Révolution
française passe pour avoir eu son glorieux
berceau dans le Dauphiné, je crois bien que
c'est à Grenoble, entre les mains pieuses de
M. Fialon, déjà nommé, que naquit et fructifia
la pensée féconde d'où devait sortir la ré-
génération de l'enseignement supérieur en
France.

Ce n'est pas encore le moment de montrer
l'antinomie, logiquement insoluble, que cette
nouvelle conception de nos devoirs professionnels, si simple et si juste en apparence,
cachait perfidement dans son sein. Pour atti-
rer et pour retenir dans les Facultés un public
d'étudiants, devenu l'auditoire essentiel, il
fallait que quelque nécessité majeure les forçât
de s'y rendre : or, il ne peut y en avoir qu'une,
la préparation aux examens et aux concours.
Nous voilà donc réduits au rôle inférieur de
répétiteurs des matières inscrites aux programmes de la licence et de l'agrégation ! Il
était fort légitime de se demander, avant l'essai
du nouvel ordre de choses, si l'indépendance

et l'originalité du haut enseignement n'allaient
pas subir une atteinte grave de cette adapta-
tion à une fin toute pratique et utilitaire. L'expérience a prouvé que la crainte n'était pas
fondée ; jamais les travaux personnels des
professeurs ne furent si remarquables par le
nombre et par la qualité (n'est-ce pas, mes
chers collègues ?) que depuis que nous avons
des étudiants dont notre devoir est de nous
occuper d'abord. Un habile homme sait tout
concilier, et les institutions les plus vivantes
(voyez, par exemple, le protestantisme) sont
justement celles que la logique semblait condamner à périr. Pendant que les paresseux,
qui, en quelque circonstance qu'ils eussent
été placés, n'auraient jamais rien fait qui
vaille, trouvaient dans la besogne relativement basse de préparateurs aux examens un
mol oreiller pour leur paresse, les vaillants
n'y absorbaient pas plus leur esprit que
Spinoza dans la sienne, lorsqu'il polissait des
verres de lunette, et, sans négliger les choses
du métier, ils continuaient leur poème.

Mais je n'envisage pas, à cette place, l'aspect général de la question, et je ne parle
d'abord de la réforme de l'enseignement supérieur qu'au point de vue particulier de la

conséquence qu'elle eut pour ma carrière.

Ayant désormais à former des licenciés d'anglais et d'allemand, je ne pouvais plus me contenter de la connaissance très superficielle que j'avais de ces langues, largement suffisante pour un cours public. J'ai raconté, au tome II de mes *Réputations littéraires*, page 414, mon passage des littératures étrangères à la littérature française ; mais ce que ma fantaisie s'amuse à présenter dans ce livre comme le caprice d'une humeur inconsistante et vagabonde, fut bel et bien une nécessité. Nos discours cessant d'être, soit l'hebdomadaire distraction de quelques personnes désœuvrées, soit les chapitres successifs d'un ouvrage composé à notre aise dans la studieuse paix d'une sinécure pensionnée par l'Etat, pour devenir les utiles leçons d'un enseignement technique et pratique, je ne pouvais plus exercer décemment, je ne pouvais plus exercer du tout ma charge de professeur de *langues* comme de littératures étrangères.

Je saisis donc la première occasion qui s'offrit à moi de prendre une chaire un peu mieux appropriée à mes connaissances et à mes moyens, et, le 26 octobre 1881, je fus nommé professeur de littérature française à la Faculté des lettres de Grenoble.

Dans ma leçon d'ouverture, le 9 décembre, je disais adieu en ces termes émus, sincères et choisis à la chaire de « littératures étrangères » :

La fin de toute chose en ce monde est accompagnée de mélancolie, et l'on n'a pas vieilli six années dans le même enseignement, surtout on n'y a pas commencé sa carrière universitaire, sans s'y attacher par quelques racines qui rendent plus sensible la séparation.

Shakespeare, Lessing, Gœthe [1] : c'est-à-dire le plus grand des poètes dramatiques , le prince de la critique au dix-huitième siècle, l'homme le plus diversement doué et le plus intelligemment curieux de tous les âges, sont des génies du commerce desquels on ne se détache pas sans se demander avec inquiétude si l'on retrouvera jamais ailleurs l'équivalent de ce qu'on ose quitter.

Comme il arrive toujours, c'est au moment où je renonce à jouir des privilèges d'un si bel enseignement, c'est à ce moment, dis-je, que j'en sens le plus vivement tout le prix. Quelle chaire enviable, Messieurs, que celle des littératures étrangères ! La curiosité de la France, trop longtemps endormie sur ce qui se passait chez le voisin, a été rudement réveillée depuis peu, et aucun enseignement ne répond mieux aux besoins de la génération nouvelle que celui qui l'instruit des choses de l'étranger. Quelle n'est pas l'étendue et quel n'est pas l'intérêt d'un champ d'études si important et si nouveau ! L'Allemagne, l'Angleterre, l'Espagne, l'Italie ; les littératures plus récentes ou moins explorées de la Russie, de

1. Ces trois auteurs avaient été les sujets de mon cours public.

la Hollande, du Danemark, du Portugal, de la Hongrie, de la Bohême, de la Grèce moderne, que sais-je encore ? du Nouveau-Monde, si l'on veut, car aucun règlement que je sache n'interdit de franchir l'Océan... quelle variété incomparable de sujets! et pour le professeur quelle liberté! il n'a pas à s'évertuer, à s'ingénier, afin de découvrir dans quelque coin obscur des fleurs oubliées ou rares; de quelque côté qu'il se tourne, il n'a qu'à se baisser pour cueillir à pleines mains une riche et brillante moisson. Tels sont à mes yeux les avantages de la chaire de littératures étrangères.

Et pourtant, je la quitte. Cette décision, ayant de quoi surprendre, pourrait passer pour avoir été prise à la légère si je ne faisais pas connaître le motif qui m'a déterminé. Je vais donc vous exposer ce motif avec toute la force qu'il a *pour moi*; car je n'ai garde de prétendre que la même raison soit valable pour d'autres.

La chaire de littératures étrangères ayant pour elle tous les avantages que j'ai dits et tous ceux que j'ai pu oublier, je lui préfère encore, je lui préférerai toujours la chaire de littérature française, parce que pour moi le plus vif plaisir de l'enseignement est de communiquer à mon auditoire la sensation des belles choses qui m'ont charmé ou enthousiasmé dans mon cabinet d'études, et que, par l'insuffisance de mon savoir, ce plaisir m'est refusé ou ne m'est accordé que très imparfaitement dans la chaire de littératures étrangères. Soit que je lise une traduction, soit que je me hasarde à citer l'original, dans les deux cas je ne vous offre qu'une image affaiblie du texte quand ce n'en est pas la caricature. La substance demeure, mais la forme est détruite; et la forme, c'est la beauté.

Deux ans plus tard, des raisons de famille m'ayant fait désirer un changement non plus de chaire, mais de ville, je demandai mon transfert à Bordeaux, où je fus nommné professeur de littérature française à la Faculté des lettres, le 16 août 1883.

Je succédais à M. Roux, professeur retraité, le dernier sans doute et le plus vieux représentant en France de l'enseignement supérieur selon le type ancien. D'autre part, les méthodes nouvelles avaient été accueillies avec tant d'enthousiasme à la Faculté des lettres de Bordeaux que, par un zèle de réforme qui pouvait déjà paraître exagéré, les conférences d'utilité pratique avaient partout remplacé l'ancien cours oratoire au point de le supplanter absolument.

L'opportunité était donc parfaite de traiter la question de la réforme de l'enseignement supérieur, et c'est ce que je fis, le 4 décembre, dans ma leçon d'ouverture.

L'éloge de mon prédécesseur, début obligatoire d'un pareil discours, présentait une petite difficulté : je n'avais rien lu de lui, et pour cause, sa « modestie » ou « les exigences du professorat » l'ayant toujours empêché de livrer au public des spécimens écrits de son talent littéraire. Mais je pris le vénérable M. Roux pour type du haut enseignement traditionnel, et je fis, à propos de sa retraite, une étude comparative et critique de l'ancienne et de la nouvelle méthode.

Je montrai comment à la querelle des anciens et des modernes, puis à celle des classiques et des romantiques, avait succédé, de nos jours, mais avec bien moins de retentissement et dans un cercle beaucoup plus étroit qui ne dépasse guère l'Université, la querelle des belles-lettres ou des humanités et de l'érudition.

Il ne s'agit point, disais-je tout de suite, d'un antagonisme irréconciliable pratiquement, puisque, Dieu merci, les exemples existent et ne sont même pas très rares, de critiques et de professeurs, qui ont su allier dans leurs écrits et dans leurs leçons les scrupules d'une érudition exacte et minutieuse avec le sentiment vif et libre des beautés littéraires.

Belle occasion, pour le successeur de M. Roux, de louer Castor et Pollux, je veux dire Auguste Couat, que j'avais rencontré à Grenoble, à la table du recteur Chapuis, lorsqu'il était professeur de rhétorique au lycée de cette ville, et que je retrouvais, à Bordeaux, doyen de la Faculté des lettres :

Je n'aurais que l'embarras du choix pour citer dans

cette Faculté même des exemples vivants de l'alliance de
l'érudition et du sens littéraire, parmi les hommes si
distingués à tous égards dont je ne suis pas devenu le
collègue sans un sentiment de crainte et de trouble trop
justifié par la conscience que j'ai de mes propres lacu-
nes; et ne pouvant nommer tout le monde, je me verrais
dans l'obligation de ne nommer personne, si le rang que
l'un d'eux occupe au milieu de nous ne m'autorisait
pas à faire au moins une exception. Notre doyen actuel,
M. Auguste Couat, unit à la science littéraire la plus
solide le goût le plus sensible et le plus délicat; cette
harmonie profonde du goût et du savoir est le caractère
éminent de tous ses écrits, depuis sa docte et charmante
thèse sur Catulle jusqu'à son grand ouvrage sur la poésie
alexandrine.

Mais l'érudition et la littérature ont beau se
trouver d'accord dans quelques intelligences
d'élite, leur conflit n'en existe pas moins en
logique et même en réalité.

L'école de l'érudition pure reproche à ceux qu'elle
appelle avec dédain les *littérateurs* de porter dans les
chaires du haut enseignement de vagues généralités oratoires, d'être des déclamateurs creux ou des amuseurs
superficiels, de s'abandonner sans travail à une impro-
visation facile ou de perdre, à polir des phrases sonores,
un temps qui serait mieux employé à l'étude des choses;
de substituer enfin à la tâche ardue d'instruire la jeunesse
un frivole exercice de rhétorique dont tout le succès consiste dans l'affluence d'auditeurs désœuvrés, dans les
applaudissements des hommes et dans les sourires des
dames. De son côté, l'école de l'esthétique littéraire
reproche aux érudits d'être occupés ennuyeusement,

inutilement aussi, presque toujours, par des infiniment petits ; de se noyer dans l'insignifiant, de n'avoir point d'idées fécondes, point de talent ordonnateur, point de souci du style ; de réduire enfin la critique à une besogne inférieure de constatation pure et simple, depuis qu'ils en ont éliminé l'imagination et la pensée, l'art et la philosophie, au grand contentement des instincts paresseux de l'esprit, dispensé désormais du noble effort de la production.

Voilà les griefs réciproques. Ils sont toujours les mêmes depuis trente ans. Mais à l'époque où je les exposais, de part et d'autre, dans leur exagération passionnée, la jeune école de l'érudition pure était un peu plus sûre qu'aujourd'hui d'avoir raison contre sa vieille rivale. Elle avait pour elle, avec la faveur de la nouveauté et de la mode, l'esprit même de tout un siècle qui avait fini par trouver, sur le terrain ferme des faits historiques, un refuge et un repos inestimables, après tant d'erreurs et d'incertitudes de la pensée. Rien n'est plus connu ni mieux apprécié que les immenses services rendus à la critique littéraire par la science de l'histoire si glorieusement cultivée au dix-neuvième siècle ; le plus précieux de tous est sans contredit d'avoir fait évanouir les anciens débats dans une ombre ridicule et d'avoir apporté la paix avec la lumière dans les esprits étonnés de s'être tant disputés pour rien.

Or, il est très difficile, ou plutôt il est impossible de poser une limite à l'ingérence de l'histoire dans les fonctions de la critique littéraire. Les renseignements qu'elle fournit ont une telle importance et un tel intérêt, la matière est si riche, si inépuisable, que vraiment il n'y a pas de raison, quand l'histoire a la parole, pour la lui retirer. Le temps qu'on passe à l'entendre n'est jamais perdu. Plus on l'écoute, plus on s'instruit, et d'une instruction solide qui consiste en réalités substantielles, non en idées abstraites qui ne sont que du vent. Désormais personne ne peut se dispenser de faire d'abord à l'histoire sa part, et personne ne peut ni empêcher ni regretter que cette part soit celle du lion.

Et voilà la philosophie étranglée. Car tout exercice de la pensée, dans le domaine de l'histoire, est risqué et aventureux. Dès qu'un philosophe est assez hardi pour prétendre tirer des faits leur signification générale, il ose par là même se flatter que les faits n'ont plus rien à lui apprendre et que sa raison est suffisamment instruite ; mais quel homme peut répondre qu'il sait tout le nécessaire, et qu'un petit fait inaperçu, méprisé, ne viendra pas lui jouer le tour de ruiner par la base son système philosophique ? Interpréter les faits, c'est donc renoncer témérairement et prématurément à une étude qui n'a point de fin.

C'est pourquoi les nouveaux historiens, qui ne sont et ne veulent être que des érudits, amassent et constatent des faits toute leur vie. Ils ne croient pas que cette besogne puisse être jamais terminée ; fort sceptiques à l'endroit des prétendus monuments de la pensée et de l'art dans l'ordre de la critique, il ne leur déplaît point de donner à leurs propres écrits un aspect inachevé et fragmentaire, image de la science telle qu'ils la comprennent. Ils multiplient les opuscules, rédigent des notes, rectifient des dates, complètent des listes, font des inventaires, recherchent curieusement l'inédit quel qu'il soit, s'amusent aussi à la bagatelle et rapportent parfois des historiettes authentiques avec l'indication des sources. Bref, ils accumulent indéfiniment les matériaux d'une construction indéfiniment ajournée.

Comme l'histoire, quand elle se réduit à l'érudition, la philologie strictement érudite supprime la pensée. Elle pourrait être hautement philosophique, elle aussi. Les plus grandes découvertes du siècle dernier, en dehors du domaine des sciences physiques et naturelles, ne sont-ce pas celles de la philologie, bien plus merveilleuses encore que tous les progrès de l'histoire ? L'étroite parenté de peuples que séparent de vastes continents, démontrée par la ressemblance profonde des termes élémentaires et des formes grammaticales ; la

communauté d'origine des nations indo-euro-
péennes ; d'incompréhensibles rébus, pour
l'intelligence desquels toute analogie faisait
défaut, déchiffrés par une méthode sûre qui a
fait sortir de la poussière des tombeaux et des
ruines la plus ancienne civilisation du monde ;
l'analyse des mots fournissant avec une clarté
évidente la clef de certains mystères qui trou-
blaient la raison, et les mythologies devenues
un simple chapitre de la science du langage :
que d'horizons ouverts par ces étonnantes ré-
vélations ! quelle impulsion donnée à l'activité
de la pensée ! Les auteurs de pareilles découvertes n'étaient pas seulement de grands
savants ; ils avaient cet esprit d'audace et
d'aventure, ces élans d'imagination, cet essor
impatiemment contenu vers la vérité devinée,
qui, lorsque le succès les a justifiés, s'appellent le génie.

Mais aucuns savants n'opposent plus d'om-
brageuse méfiance aux séductions de l'imagination et de la pensée que les purs philologues.
Quand ils ont cédé une fois à la tentation
d'avoir des idées générales, ils s'en repentent
toute leur vie, à l'exemple du docte Tournier,
maître de grec à l'Ecole normale, qui, pour
expier les beautés philosophiques et poétiques

de son admirable thèse sur *Némésis et la jalousie des Dieux*, ne voulut plus offrir aux professeurs en herbe qui étaient ses élèves que les arides services d'un simple grammairien, éplucheur de textes, correcteur de virgules et redresseurs de vers, coupant court par son scepticisme moqueur à tout essor ambitieux de la grande curiosité.

Deux formes opposées d'enseignement supérieur correspondent à des conceptions si différentes de l'activité scientifique et littéraire. Aux généralités oratoires, convient le cours public ; à l'explication terre à terre des textes, la conférence fermée et réservée aux seuls étudiants.

J'ai dit tout à l'heure comment le parti de l'érudition technique et pratique avait d'abord si radicalement triomphé à la Faculté des lettres de Bordeaux qu'on n'y faisait plus un seul cours public à l'époque où j'y débutai. L'excès de la réforme amena peu à peu une réaction naturelle; je tiens à dire *naturelle*, car aucune pression administrative ne vint la forcer, et c'est parce qu'elle fut spontanée qu'elle est intéressante. Vingt ans sont passés, et aujourd'hui je ne crois pas qu'on trouve, à la Faculté des lettres de Bordeaux, un seul enseignement important qui ne se traduise une fois par semaine sous la forme du cours public. Il en est de même, sans doute, partout ailleurs et notamment à Paris, mais avec cette différence, toute à notre avantage, qu'à Paris faire un cours public est, si je ne me trompe, une obligation pour chaque professeur, tandis qu'à Bordeaux nous restons libres d'en faire ou de n'en pas faire ; tel de mes collègues n'en a jamais fait, et cette liberté est excellente, la première condition, pour faire les choses « avec grâce », étant de ne point forcer son talent.

Rendons justice à tous et reconnaissons que s'il y a de la charge dans certaines descriptions satiriques de l'érudit attelé à quelque minuscule question de grammaire ou d'histoire, fourmi à peine visible d'un travail obscur, bœuf creusant devant lui son laborieux sillon, sans seulement lever les yeux vers les belles et riantes campagnes où il passe, c'est une bizarre caricature aussi que le portrait traditionnel du professeur de Faculté, durant la longue période de bavardage et de déclamation qui fut trop générale mais ne régna pas seule jusque vers 1880. Comme M. Lanson en faisait récemment la fine et judicieuse

remarque à une séance d'ouverture des cours
et des conférences de la Sorbonne, le 8 novembre 1901, les grands professeurs d'autrefois
étaient tout simplement des « conférenciers » ;
ils faisaient dans les Facultés des lettres ce
qu'on fait aujourd'hui à la Bodinière ou à
l'Odéon ; leurs leçons, s'adressant au public
du dehors, n'étaient qu'une forme de ce qu'on
appelle aujourd'hui *l'extension universitaire*,
en sorte que nous avons eu l'extension universitaire avant d'avoir des universités. Mais
que le professeur s'appelle Guizot, Edgar
Quinet ou Victor Cousin, qu'il soit seulement
Geffroy, Saint-Marc Girardin, Caro ; qu'il attire
et qu'il retienne des milliers d'auditeurs par
les chaînes d'or de son éloquence, trouverez-
vous encore qu'il soit ridicule ? Il n'est pas
absolument nécessaire qu'un homme qui expose à la foule des idées générales, au lieu
d'élucider pour une dizaine d'étudiants un point
de chronologie ou un texte douteux, ne débite
que de solennelles âneries. La vérité est qu'il
y a des ânes, comme il peut y avoir des ai-
gles, dans tous les genres d'enseignement ;
mais ce n'est pas la nature des leçons que
nous avons à donner qui nous oblige d'être
l'un ou l'autre ; c'est notre propre nature à

nous, avec l'éducation que nous avons reçue.

Et la vérité est aussi que l'on peut ne rien faire et ne prendre aucune peine, dans quelque fonction que ce soit, si on a de la facilité et si l'on sait sauver les apparences. Des paresseux, il y en a partout. Mais n'est-il pas logique de croire qu'on doit en compter davantage, et ne sont-ils pas effectivement plus nombreux parmi les maîtres que l'objet de leur enseignement oblige le moins à *penser* ?

Heureux ceux qui s'occupent d'histoire ou de philologie ! Ils ont choisi la meilleure part, parce qu'ils jouissent de cet inappréciable avantage que l'objet de leur enseignement est *réel* : comme toute matière vraiment scientifique, il existe en sa totalité ailleurs que dans leur esprit ; ils peuvent mettre à le découvrir plus ou moins de sagacité et d'intelligence, plus ou moins de zèle et de talent à l'exposer : mais ils n'ont rien à y ajouter d'essentiel de leur propre fonds. Combien moins bonne est la situation du professeur de littérature, assez vaillant ou assez téméraire pour entreprendre la tâche extraordinairement difficile d'apprécier esthétiquement les grandes œuvres du génie ! Il doit tirer de son propre esprit presque toute la substance de son enseignement, semblable à certains insectes tisseurs qui n'empruntent qu'à eux-mêmes la matière de leurs constructions élégantes et fragiles : prétention exorbitante, inouïe, s'il n'est pas un homme absolument supérieur, un des maîtres de la pensée. Oh ! la besogne est fort simplifiée, quand on se borne, comme tant de maîtres érudits qui croient enseigner la littérature, aux commérages et aux petites

curiosités de l'histoire littéraire, au défrichement de
quelque canton ignoré ou à l'exhumation d'un auteur
inconnu : mais s'installer bravement en plein forum,
en plein temple de nos gloires, à l'endroit le plus banal
et le plus fréquenté; y revenir sans cesse, comme le
faisait, paraît-il, mon prédécesseur dans cette chaire,
parce qu'on sent bien que là est le centre de l'éducation
esthétique; s'arrêter à son tour devant les statues tant
de fois saluées de Corneille, de Racine, de Molière, et
oser dire après tant d'autres son mot sur ces grands
hommes : voilà l'effort le plus audacieux du haut enseignement, *hoc opus, hic labor est* !

. . . .

On s'imagine que, plus une matière est rebattue,
comme, par exemple, notre littérature classique du dix-
septième siècle, moins elle doit coûter de fatigue et de
peine au maître qui l'enseigne. C'est le contraire qui est
vrai : l'enseignement littéraire est d'autant plus difficile,
il exige d'autant plus d'efforts ingénieux et d'originalité
inventive qu'il porte sur des matières plus vieilles et plus
communes; vieilles, parce qu'elles sont toujours intéressantes, c'est-à-dire toujours neuves; communes, parce
que tout le monde les goûte, les préfère, les recherche.
Je parle ici, bien entendu, du professeur qui a souci de
faire honneur à ses fonctions : comment ne serait-il pas
pénétré d'un tremblement salutaire en présence de la
tâche accablante d'interpréter dignement les chefs-d'œuvre de notre littérature ? S'il n'a rien à ajouter de vraiment nouveau aux jugements de ses devanciers, au moins
faut-il qu'il repense pour son propre compte tout ce que
la critique a dit de meilleur avant lui, afin d'en extraire
l'essence la plus fine et d'en rafraîchir l'expression ; il
faut qu'il s'anime et s'échauffe au commerce direct,
assidu, des grands écrivains qu'il étudie, afin de donner
à sa parole cette flamme communicative, ce je ne sais

quoi d'ému et de vibrant, qui est la raison d'être de l'enseignement oral, puisque sans cela les livres suffiraient ; il faut enfin, il faut surtout qu'il fasse œuvre lui-même d'écrivain et d'artiste, pour traiter de ce que notre littérature a de plus beau, dans une langue qui ne soit pas trop indigne du sujet. Non, Messieurs, nos anciens maîtres, qui consacraient à de pareils tours de force une semaine entière de préparation silencieuse, n'étaient pas des hommes inoccupés, et ceux qui regardent l'existence normale de l'ancien professeur de Faculté comme une vie d'oisiveté et de continuelles vacances, ne savent vraiment pas ce qu'ils disent. Il n'y a pas, dans l'enseignement, de poids plus lourd à porter que le cauchemar hebdomadaire d'une leçon publique de haute littérature. Je n'exagère rien, et nous avons pu voir, dans ces dernières années, cette écrasante obsession briser prématurément plus d'une vie : Anatole Feugère, à la fleur de l'âge ; Paul Albert, dans la pleine force de son talent, y ont succombé l'un après l'autre. Les maîtres qui ont pu résister, comme M. Roux, à une telle fatigue, à un tel souci, et atteindre allègrement la belle vieillesse dont nous sommes témoins, appartenaient sans doute à une génération plus vaillante que la nôtre. Nous aurons beau multiplier par force ou par amour les cours fermés, les petites leçons, et faire croire aux naïfs que, montant en chaire plus souvent, nous travaillons plus que nos vieux maîtres, nous devrons, si nous sommes sincères, sourire comme les augures, quand nous nous rencontrerons, et nous dire à l'oreille en jetant vers le ministère un regard de reconnaissance :

O Melibœe ! deus nobis hæc otia fecit.

. . . .

Laissons ceux qui n'y entendent rien traiter la leçon publique de bavardage creux et superficiel. C'est là, au contraire, ce n'est point dans les conférences d'érudition, que les étudiants apprendront à choisir dans un sujet les idées les plus intéressantes, à les présenter d'une manière qui attire et retienne l'attention, à proportionner les parties en subordonnant partout l'accessoire à l'essentiel, à lutter enfin par la clarté de la forme contre l'excessive condensation d'une matière toujours trop riche pour les cinquante ou soixante minutes mesurées à son développement. L'orateur public, animé par le milieu où il parle, pourra aussi donner plus fréquemment à ses jeunes auditeurs le frisson des belles choses. L'enseignement ésotérique est, de sa nature, plus négligé et plus aride. Il n'a pas besoin de soigner la forme ; la substance lui suffit. Or, pour un professeur de belles-lettres, supprimer la forme est chose grave. Si nos salles de cours doivent devenir des laboratoires où un maître entouré familièrement d'un petit nombre d'initiés distille avec eux, goutte à goutte, l'érudition historique et philologique, à quoi bon conserver aux Facultés des lettres leur nom et leur existence à part ? Il serait plus simple de réunir toutes les hautes études sous un même titre général et de fondre les divers ordres d'enseignement supérieur dans la grande unité de la *Science*.

Mais non, quoi qu'on dise et quoi qu'on fasse, la critique littéraire ne se laissera jamais réduire à n'être qu'une branche de la science, et il est aisé d'en faire la preuve par quelques justes définitions. On sait, depuis Kant, que le vieil adage *de gustibus non disputandum*, vrai sans doute en gastronomie, déjà un peu moins vrai dans l'ordre de la toilette, de l'ameublement, où l'intelligence commence à intervenir et où une certaine éducation du goût est possible, devient complètement faux en littérature et dans les arts. Le propre du jugement de goût est, au contraire, d'exiger l'assentiment de chacun, tant il est sûr, dans son for intérieur, d'avoir pour lui la raison ; mais, en même temps, de ne pouvoir s'imposer victorieusement à autrui par aucune démonstration sans réplique, parce qu'il relève du sentiment plus que de la science. Situation singulière, qui fait sa faiblesse et sa force. Faible en certitude scientifique et logique, le jugement de goût peut emprunter une puissance extraordinaire à l'ardeur de foi et de prosélytisme qui l'anime ; incapable de convaincre par un syllogisme net et péremptoire l'indifférent ou l'adversaire, il doit, s'il veut les toucher, mettre habilement en œuvre les ressources variées de la persuasion.

De là, pour lui, la nécessité de l'éloquence. Certains critiques, pareils au renard de la fable, ont raillé l'emploi de l'éloquence dans les chaires de l'enseignement, comme contraire au sérieux, au calme, à la dignité, à la certitude de la science. Il est très vrai que la science pure n'a pas besoin d'être éloquente.

Quand un professeur de chimie ou de mathématiques est éloquent, c'est qu'il mêle à ses
cornues et à ses x quelques aperçus de l'ordre
métaphysique ou moral. L'éloquence commence où la science finit et où la vérité demontrée
fait place aux croyances et aux certitudes
intimes. Voilà justement pourquoi elle n'est
point déplacée dans les chaires de littérature,
non plus que dans celles de philosophie et
d'histoire, et généralement dans l'enseignement des sciences dites morales.

Etranges efforts que ceux des philosophes
et des historiens qui voudraient comprimer
dans leurs écrits, froids comme des pages de
statistique, toute manifestation du sentiment
personnel, parce qu'il est arbitraire et failli-
ble ! De quel climat glacé nous est venue cette
manie d'esprit scientifique qui s'étend aujour-
d'hui à tous les domaines jusque là livrés à
l'opinion, et qui prétend régler par d'indiscu-
tables principes les questions infiniment déli-
cates et complexes de la politique elle-même ?
L'art redoutable et beau de gouverner les
hommes peut-il donc être enseigné au premier
maladroit venu, en un certain nombre de
leçons ? Pense-t-on que le monde serait bien
amusant, bien agréable à habiter, si la science

autoritaire et hautaine parvenait à fermer
la bouche sur tous les sujets à l'aimable
croyance, qui peut se tromper, mais dont la
voix est douce et la parole persuasive ?

Le droit le plus précieux du critique est le
droit à l'erreur, c'est-à-dire la liberté. Comme
il n'y a pas d'autre vérité en matière de goût
que celle que nous croyons et sentons, la
seule chose qui importe, c'est la ferveur sincère de la foi. L'étroitesse d'un certain fana-
tisme est peut-être moins nuisible, dans l'enseignement de la jeunesse, que le scepticisme
d'un goût blasé.

Il est bon en littérature d'être polythéiste, d'appartenir à une église tolérante et large, d'adorer toutes sortes
de dieux, romantiques et classiques, étrangers et natio-
naux, anciens, modernes et contemporains ; mais si le
temple des lettres est un panthéon, il ne doit jamais
devenir un capharnaüm ; il faut que la pure religion du
beau y règne seule sous toutes ses formes diverses, que
le sanctuaire demeure fermé à certaines idoles ridicules
et que leurs faux prophètes soient chassés du parvis.
La crainte d'une erreur toujours possible et des repentirs
qui suivent les emportements irréfléchis, en mettant
notre intelligence sur ses gardes, ne doit pas émousser
la pointe de notre sensibilité. Sans de vifs déplaisirs il
n'y a point de vives jouissances du goût, et le noble don
de l'enthousiasme est trop précieux pour que nous con-
sentions à le perdre, dussions-nous y gagner l'avantage
de ne plus nous tromper. Mieux vaut, lorsqu'on juge

certains écrivains, passer de la louange au blâme avec
la même ardeur extrême, que de fondre ensemble la
louange et le blâme dans la fade moyenne d'un jugement
tempéré ; il y a tel poète dont on ne peut dire ni trop de
bien ni trop de mal : dites l'un et l'autre sans ménage-
ment. Cette vivacité d'impressions n'est pas seulement
un charme ; elle est plus efficace dans l'enseignement
littéraire que l'équilibre et la mesure de l'imperturbable
science ; elle est plus propre, quoi qu'on en pense, à
donner au maître du crédit parmi la jeunesse, prompte
à l'admiration pour les grands hommes du jour, et qui
n'écoute, sur les défauts de ses auteurs favoris, que les
juges sensibles comme elle à leurs beautés...

On aurait pu prendre mon discours pour un
plaidoyer en faveur du vieil enseignement
contre le nouveau, de l'esprit littéraire contre
l'esprit scientifique, des cours publics contre
les cours fermés, des chaires d'éloquence
contre les chaires d'érudition. Je tenais beaucoup à ne pas laisser cette impression à mon
auditoire, et je terminai en ces termes :

Combien de fois, dans ma carrière de professeur de
littérature, n'ai-je pas douté de la réalité même de l'objet de mon enseignement! Combien de fois n'ai-je pas
envié le terrain ferme et sûr où la science, parfois arrêtée
par des broussailles et par des épines, avance toujours
en définitive et marche d'un pied solide et conquérant!
Juger avec une gravité plus ou moins pédantesque les
fantaisies joyeuses de l'imagination créatrice ; disséquer
d'une main lourde cette chose ailée et légère qui s'appelle
la poésie ; absorber toutes les forces de sa pensée dans
la poursuite de quelque imperceptible nuance, comme

s'il s'agissait d'un grand problème à résoudre ou d'une importante vérité à découvrir : quelle vaine occupation, Messieurs, quand on y songe! quel frivole et stérile labeur! Les travaux de l'érudition, si arides et si ingrats qu'on les suppose, lassent moins l'intelligence et lui apportent plus de satisfaction réelle. J'avoue que, si je pouvais recommencer ma carrière, j'y voudrais faire une plus grande place aux études positives, dût celle de la pure littérature en être diminuée d'autant. Inaugurant à Bordeaux, sinon une carrière nouvelle, au moins un nouveau genre d'habitudes et de vie, je me trouve dans des conditions favorables pour expérimenter les méthodes récentes, et je me sens tout prêt à faire cette expérience sans prévention hostile comme sans engouement. Je vais dire sur ce point ma pensée entière : la préoccupation d'un programme ministériel à remplir, d'un résultat scolaire à atteindre me semble, à la vérité, compromettre gravement l'indépendance et l'originalité de l'enseignement supérieur, et je ne vois pas bien par quelle différence subtile un professeur, ne faisant que répéter les matières des examens, se distingue d'un simple répétiteur; mais, d'autre part, je le reconnais très volontiers d'abord, l'enseignement à la mode peut diriger fort avantageusement sur le fond et la substance des choses la dépense d'effort et de temps consacrée autrefois à la composition et à la forme; et puis, s'il faut que l'art et même la science descendent de nos chaires pour faire place au métier, le professeur, délivré désormais de toute préoccupation absorbante, pourra trouver dans l'amoindrissement même de sa tâche la liberté d'esprit dont il a besoin pour penser, pour étudier, pour écrire.

Je prie donc mes nouveaux collègues de vouloir bien m'accueillir non comme l'apôtre d'aucune doctrine, d'aucune méthode ancienne ou nouvelle, mais comme un simple voyageur, un curieux, qui, ayant transporté sa demeure dans une autre contrée, s'y établit avec le dessein de se conformer tout bonnement à ses institutions et à ses usages. Je suis intimement persuadé que Bordeaux me deviendra cher par l'habitude; mais en attendant ce résultat prévu et certain d'un séjour de quelque durée dans une ville et dans une Faculté aussi enviées, Bordeaux ne s'offensera pas si je garde à Grenoble un souvenir plein d'affection et de mélancolique regret. Mon changement de résidence ayant eu lieu pendant les vacances, l'occasion ne m'a pas été offerte d'adresser un adieu public aux personnes et aux lieux que j'ai quittés avec tant d'émotion, et ce que je n'ai pu faire entendre là-bas, je tiens à le dire hautement ici.

Je perds des collègues, à la Faculté des lettres d'abord, puis à celles des sciences et du droit, ainsi qu'au lycée de Grenoble, des collègues, ou plutôt des camarades, avec lesquels j'entretenais un commerce non seulement de courtoisie, mais de franche et cordiale familiarité, et dont plusieurs étaient devenus mes amis. Je perds, en dehors du cercle universitaire, maintes relations agréables dont un séjour de plus de huit ans avait aussi transformé quelques-unes en amitiés bien chères. Je perds un auditoire plus fidèle encore que nombreux, et dont l'assiduité me touchait infiniment plus que l'affluence; car l'affluence peut n'être qu'un va-et-vient bruyant de curieux qui passent; mais le public de Grenoble, tranquille et recueilli, *suit* les cours dans toute la force du terme, ne récompensant les professeurs que par son empressement silencieux, et estimant, dans sa respectueuse réserve, que la plus digne forme de l'applaudissement est l'expression intelligente et sympathique des physionomies attentives. Je perds des étudiants qui sans doute n'ont pas la vivacité brillante des natures méridionales, mais qui ne passent point pour la partie la plus paresseuse de la jeunesse française et qui sont de la même race que ces autres laborieux montagnards assez habitués à vaincre leurs rivaux dans les concours des lycées et des écoles de droit. Je perds enfin une ville si aimable que personne n'a jamais pu y faire de séjour un peu long sans s'y attacher par toutes les fibres de son cœur, un pays d'une incomparable beauté, dont les sites charmants et grandioses rempliront mes yeux toute ma vie.

Bordeaux m'offrira maintenant d'autres avantages, qui compenseront ceux que j'ai perdus et pourront les surpasser sur quelques points. La vie se compose de ces expériences et de ces comparaisons. Comme le bonheur n'est jamais qu'un à peu près, on use son existence à la poursuite d'un idéal qui fuit toujours; puis l'on meurt, sans avoir joui du présent. La seule trace qui reste de nous, après toute cette agitation, est celle des quelques services que nous avons rendus à autrui, du bien que nous avons pu faire en passant. Il n'y a que cela de solide, de durable, et voilà pourquoi se sentir utile est le secret du bonheur. Cette conclusion de morale pratique vous semblera peut-être, Messieurs, dépasser considérablement la question de savoir si les cours seront publics ou fermés, consacrés à l'érudition pure ou à un enseignement plus général et plus populaire; mais elle s'applique à toutes les conditions humaines, à toutes les circonstances possibles de la vie, et je ne puis trouver, pour finir, une meilleure parole.

CHAPITRE DEUXIÈME

PROFESSEUR DE FACULTÉ

Nemo sua sorte contentus est, affirment le poète Horace et la grammaire latine. Si personne n'est content de son sort, c'est qu'il y a bien des gens ingrats envers la Fortune ou la Providence. De toutes les fonctions que l'Etat rétribue, nulle n'a plus de quoi satisfaire la juste ambition d'un esprit sage que celle de professeur de Faculté en province.

Sans doute les appointements restent fort inférieurs à notre mérite, et surtout à l'idée que nous en avons ; mais on les a sensiblement relevés depuis une vingtaine d'années, et comme tout est relatif en cette affaire, il suffit, pour trouver nos gages presque honnêtes, de les comparer au maigre salaire que touchent d'autres serviteurs de la République, notamment les magistrats et les officiers, ou encore les professeurs de lycées.

Le meilleur de notre condition, c'est qu'elle laisse une place, relativement considérable aussi, à deux choses qu'on a toujours regardées comme les biens les plus précieux d'un homme et surtout d'un fonctionnaire : sa liberté et son temps.

Nous choisissons le sujet de notre cours public d'après nos goûts, uniquement soucieux de nos propres convenances, sans le moindre égard aux préférences du public ni même à celles de nos étudiants, qui restent libres de nous entendre, comme nous de parler, qui sauront bien venir dans le grand amphithéâtre, si cela leur est utile ou agréable, mais auxquels nous ne sommes point tenus de songer pour cette partie de notre enseignement. Il est vrai qu'en doctrine les sujets que nous avons choisis doivent recevoir l'approbation non plus du ministre, mais du Conseil de l'Université, qui examine l'affiche de tous les cours de la prochaine année et constate qu'ils sont harmonieusement conçus et combinés pour distribuer à la jeunesse scolaire la science totale et universelle. Mais l'affiche est toujours approuvée sans examen, et jamais ceux qui y collaborent n'y ont regardé autre chose que la ligne qui les concernait personnellement.

Le temps n'est pas bien loin où l'on trouvait
encore quelques grands prêtres du culte classique, tels, par exemple, que Jules Girard,
professeur d'atticisme, ancien présiden du
jury d'agrégation de grammaire, pour poser
comme extrême limite aux incursions que pouvait se permettre un professeur d'éloquence
française sur le terrain scabreux de la littérature moderne, la lettre de J.-J. Rousseau à
d'Alembert sur les spectacles. Mais depuis
qu'Auguste Couat, président beaucoup plus
libéral du même jury, a fait inscrire aux programmes les œuvres de Victor Hugo, depuis
que l'auteur non seulement d'*Hernani*, mais
de *la Légende des Siècles* est devenu classique
comme Corneille, que dis-je? comme Boileau,
et que les écoles nouvelles le traitent à son
tour de vieille perruque, la littérature contemporaine nous est ouverte tout entière. Les écrivains vivants eux-mêmes ne nous sont pas
interdits. Nous pouvons discourir sur eux tant
qu'il nous plaît. Mais il vaut mieux le faire
sans le dire. Car si l'affiche annonçait un cours
intitulé « Promenades dans les coulisses des
petits théâtres de la banlieue parisienne »,
peut-être se trouverait-il quelque « vieillard
stupide » pour faire des objections. Ne l'an-

noncez donc pas, et promenez-vous dans les
bastringues. A ceux de mes jeunes collègues
qui me font l'honneur de consulter ma vieille
expérience, je réponds sans vergogne qu'ils
peuvent dire dans leurs cours *tout ce qu'ils
voudront*, mais qu'il faut seulement avoir soin
de faire sonner sur l'affiche un nom bien retentissant : en littérature ancienne Homère
ou Virgile ; en littérature étrangère Dante,
Shakespeare, Gœthe ; en littérature française
Corneille, Molière, Racine, Victor Hugo, le
public étant d'avance indifférent ou hostile à
tout nom, à tout sujet nouveau, et n'ouvrant
toutes grandes ses oreilles qu'aux vieilles his-
toires qu'il sait déjà ou croit connaître.

Quant à la besogne proprement scolaire,
c'est notre faute si nous ne l'organisons pas de
façon que le joug soit commode et le fardeau
léger. L'Etat nous impose trois heures par
semaine d'activité professionnelle *visible*, sans
s'inquiéter ni de la distribution de ces heures,
ni des sujets de nos enseignements, ni des
auditoires auxquels ils s'adressent : public
libre, ou candidats aux divers examens. Nous
pouvons donc grouper nos conférences, ou,
au contraire, les espacer si nous le trouvons
préférable. En deux jours consécutifs, un maî-

tre avisé se débarrasse de ses trois devoirs.
extérieurs, et, théoriquement, rien ne s'oppose
à ce qu'il les expédie tous en un jour. Qui veut
jouir de ses forces avec le plus de succès et le
moins de fatigue, l'important pour lui est de
ne point se disperser ; moins notre enseignement sera divisé, moins il nous coûtera de
peine et d'efforts ; ce qui est dur, ce n'est pas
de faire trois leçons ni même six ; mais tendez
votre esprit durant six jours de suite dans
plusieurs directions différentes, vous risquez
de vous trouver inférieur à vos tâches trop
multipliées. Pour ma part, si jamais j'ai rien
fait qui vaille, c'est en concentrant toute ma
pensée sur la même chose presque sans dis-
tractions, aussi entièrement, aussi passionnément, aussi exclusivement que possible.

Il y a lieu de distinguer deux catégories
seulement d'étudiants, ceux de licence et ceux
d'agrégation, en littérature française au moins,
car je ne parle ici que de ce qui m'est familier. A n'avoir affaire qu'aux uns *ou* aux autres,
la besogne étant simplifiée, il est probable
qu'elle sera moindre, et dans une grande
Faculté comme celle de Bordeaux, où les professeurs sont nombreux, arranger ainsi les.
choses est aisé. En licence, nous sommes chez.

nous, puisque nous composons les programmes et faisons passer les examens ; nous
sommes plus que libres, nous sommes souve-
rains. L'agrégation fait peser sur nous une
responsabilité plus lourde, mais qu'on ne doit
pas exagérer et dont il ne faut accepter que la
part qui nous revient, en laissant aux étudiants
toute la leur.

Ces jeunes gens ne sont plus des enfants
qu'on mène à la lisière, des collégiens qu'on
endoctrine et qu'on enrégimente ; ils sont déjà
presque des hommes. L'âge de la majorité
intellectuelle a commencé pour eux. Les étudiants de Faculté, surtout les candidats à l'a-
grégation, ont cessé d'être de purs et simples
élèves, des nourrissons, *alumni* ; leur fonction,
désormais, ne se borne point à ingurgiter : ils
ont le droit et le devoir de réagir contre la
parole du maître, puisqu'ils vont devenir eux-
mêmes des maîtres. Ils reçoivent du professeur leur impulsion, leur inspiration, leur direction générale, mais non leur nourriture
toute mâchée.

L'ingérence exagérée du professeur cache
un très grand péril, passé un certain âge : c'est
de favoriser l'inertie de l'étudiant, qui s'habitue
à trop se reposer sur son maître de ses progrès

et de ses succès. J'ai été plus d'une fois un peu désappointé, je l'avoue, non de l'indiscipline, mais, au contraire, du manque d'initiative de la jeunesse nouvelle, et si j'ai eu à lui reprocher quelque chose, c'est moins l'esprit d'indépendance que l'excès de la docilité. Plus d'une fois, j'ai pensé que nous autres vieux nous étions, à ce bel âge, plus passionnés et plus révoltés, que nous avions de chères convictions idéalistes et romantiques, des haines ardentes et de saintes idoles, mais qu'un scepticisme clairvoyant et calme s'est trop substitué ensuite, sous l'influence d'une certaine philosophie, lasse de tout, excepté de comprendre, aux généreux enthousiasmes qui nous faisaient si galamment déraisonner. Que nos fils, d'hommes de foi qu'étaient leurs pères, soient devenus des hommes de science et de sagesse, force nous est bien d'y consentir ; l'essentiel est qu'ils soient des hommes, assez affranchis, assez indépendants pour savoir n'être pas de notre avis.

Un petit groupe d'étudiants, à la Faculté des lettres de Bordeaux, est presque obligé, par situation, de secouer le joug du maître et de se faire lui-même sa doctrine : ce sont les étudiants de philosophie, parce qu'ils sont entre les mains de trois professeurs appartenant à

des sectes différentes. Duquel voulez-vous
qu'ils soient les disciples ? Ils doivent au moins
choisir. Aussi ai-je toujours eu une estime particulière, une tendresse de cœur, pour ces
braves jeunes gens. J'aime à les voir dispu-
tant entre eux à la mode péripatéticienne dans
notre salle des Pas-Perdus, où ils se promè-
nent gravement par couples, semblables à
ces sages qui, le soir, au clair de la lune, pas-
saient et repassaient sous les colonnes du
temple d'Éphèse,

> Marchant, causant avec des gestes familiers,
> Tour à tour blancs et noirs dans l'ombre des piliers.

C'est la réalisation d'une idée chère à feu
Albert Dumont, qui, lorsqu'il dirigeait l'enseignement supérieur, me dit un jour qu'il n'avait
pas de plus vif plaisir que de mettre aux prises
dans chaque Faculté des philosophies hostiles ;
et nous pouvons croire que ce n'était pas pour
le vain amusement de se donner le spectacle
de leurs contradictions, mais afin d'obliger la
jeunesse à penser.

Plus donc les étudiants sont voisins de l'âge
d'homme, plus ils sont les vrais artisans de
leurs succès comme de leurs revers et les
seuls auteurs responsables de leur destinée. Il

faut leur apprendre à ne compter que sur eux-mêmes, le répéter avec insistance au commencement de l'année scolaire et, durant tout son cours, ne lier notre liberté par aucun engagement imprudent et ne pas même leur promettre que nous parcourrons avec eux le cercle entier de leur programme. Dans les occasions où il m'est arrivé d'en approfondir seulement une petite partie, je n'ai pas cru avoir moins bien rempli mon devoir professionnel que lorsque j'avais passé en revue tous les textes à expliquer. Mes jeunes camarades sont dûment prévenus : qu'ils s'arrangent ! Un maître n'est pas absolument nécessaire pour étudier les matières de l'agrégation, puisqu'on voit chaque année des candidats pleins de vaillance se préparer tout seuls à ce redoutable concours. Voilà les principes. Si nous les rappelons souvent, ce n'est pas pour tirer notre épingle du jeu quand le succès trahit nos espoirs ; c'est pour présenter sans cesse à l'esprit des jeunes gens une vérité vitale dont le constant et profond souvenir est pour eux la condition première du succès. Et je conviens qu'ailleurs, en droit, en médecine, en sciences et même dans d'autres parties de l'enseignement littéraire, les obligations du professeur peuvent être plus lourdes et plus strictes ; c'est possible, je n'en sais rien ; je ne parle ici, encore une fois, que de ce qui regarde ma paroisse, la chaire de littérature française.

J'arrive à ce qui constitue le privilège le plus extraordinaire de notre profession. Le professorat de Faculté est probablement la seule fonction publique offrant ce précieux avantage et ce très curieux caractère, que, pour la remplir à souhait, le fonctionnaire est non seulement autorisé, mais encouragé et presque invité *à n'en pas faire son occupation principale*. Comprenons bien et savourons dans sa piquante beauté cette anomalie vraiment admirable, singulière et unique.

Tout le monde convient qu'un professeur de lycée répond pleinement à ce qu'on attendait de lui, lorsqu'il se consacre sans réserve à ses élèves. Mais imaginez un professeur de Faculté dont toute la valeur se dépense et s'épuise au service d'un petit nombre d'étudiants, ou encore d'un public local assez nombreux, sans que son enseignement vole au delà des murs de l'Université, il ne semblera pas au ministre lui-même que ce professeur soit l'idéal du genre. Ce n'est pas l'opinion du monde seulement qui trouve bon que l'enseignement supérieur produise des articles et des livres : même dans le Conseil éclairé où l'Etat pèse en de justes balances le mérite de ses serviteurs, distribuant les places, les traitements, les promotions, les croix, *le dévouement d'un professeur à ses fonctions est moins apprécié, moins récompensé que ses ouvrages.* C'est à celui qui fait du bruit au loin que vont tous les genres de succès, y compris la faveur d'un ministère qui devrait avoir à cœur, semble-t-il, de réserver au mérite obscur les seuls salaires que puisse espérer sa modestie.

Par une autre contradiction plaisante, les Facultés, en tant que corps, sont évaluées et classées d'après les succès de leurs élèves aux divers concours de fin d'année et surtout d'après le nombre d'agrégés qu'elles font en moyenne ; mais, pour estimer la valeur individuelle de chaque professeur, les initiés à nos mystères, aussi bien que le public profane, n'ont jamais appliqué et ne connaissent vraiment qu'une mesure : ses productions littéraires ou scientifiques. Ne sont-ce pas pourtant deux choses différentes par définition que le talent d'enseigner et celui d'écrire, que la science et l'art, qu'un savant et un professeur ?

Le très libéral directeur de l'enseignement supérieur, Albert Dumont, dont je citais tout à l'heure un autre propos caractéristique, s'amusait aussi à soutenir ce paradoxe, qu'un professeur de Faculté ne doit avoir *absolument rien à faire pour ses élèves.* « Il suffit, nous disait-il un soir au dessert, qu'il ait du talent et qu'il se distingue en quelque chose, même dans le vaudeville ou l'opérette, ça m'est égal, pourvu qu'il brille et soit quelqu'un. Il agit alors sur ses élèves *par rayonnement*, sans peine et sans dépense, par le seul prestige qu'a sur la jeunesse l'éclat des œuvres et du nom. »

Il est indubitable que les étudiants eux-mêmes, qui ont tant d'intérêt à trouver dans leur professeur un bon préparateur aux examens, seraient les premiers à ressentir quelque souffrance et quelque humiliation de la médiocrité d'un enseignement tout pratique où aucune ambition plus haute ne viendrait relever la poursuite terre à terre de ce résultat prochain. Je ne crois pas que la jeunesse studieuse approuve que son professeur ne fasse rien ; mais elle trouve fort bon qu'il travaille aussi et d'abord *pour lui-même*, ou, si l'on préfère cette expression générale et généreuse, *pour la science, pour la littéra-*

ture. L'exemple qu'il donne à tous d'une pensée et d'une plume infatigablement actives peut être plus utile que ses leçons. L'image la mieux faite pour réconcilier les irréconciliables qui discutent encore sur la vraie fonction des professeurs de Faculté, est celle d'un vaste et libre Institut, dans lequel maîtres et étudiants travaillent séparément ou ensemble à leur œuvre respective, qui peut être la même pour les uns et pour les autres, mais qui ne leur est pas nécessairement commune. Il y a parfois collaboration véritable, notamment dans la section d'histoire, où les maîtres, pour le plus grand profit des étudiants, les emploient et les associent à leurs recherches. Dans tous les ordres d'ailleurs, le meilleur stimulant pour encourager de braves garçons, n'est-ce pas l'aveu, si précieux dans la bouche d'un professeur, que leurs travaux nous intéressent, nous apprennent quelque chose, nous font réfléchir utilement, et qu'envers ces jeunes esprits qui nous ont tant d'obligations, nous avons contracté aussi une dette de reconnaissance? Quand on s'élève à cette conception de l'enseignement supérieur, les querelles relatives à sa vraie fonction s'évanouissent, et ce qui s'évanouit tout d'abord, c'est la vieille et pauvre idée de l'étudiant considéré comme un bébé qu'on nourrit.

Ce n'est pas pour flatter mes étudiants de la section de français par un compliment banal, c'est avec la conscience profondément sérieuse d'une expérience faite et refaite et d'une vérité vingt fois éprouvée, que je leur disais un jour :

Vous êtes, messieurs les étudiants, nos collaborateurs. Si ce compliment était adressé à de jeunes collégiens, il pourrait encore être vrai, mais seulement dans un sens très général. On peut toujours dire que l'enfance qui apprend et l'âge mûr qui enseigne collaborent à une œuvre commune, qui est, par exemple, le bien du pays. Mais cela est un peu vague, tandis que notre collaboration, à vous et à nous, doit s'entendre au pied de la lettre. Permettez-moi de parler ici d'après mon expérience personnelle et de prendre un exemple très particulier dans un de vos exercices littéraires, la dissertation française. Je suis persuadé que ce qui est vrai de la dissertation littéraire, l'est aussi, *mutatis mutandis*, de vos travaux de philosophie ou d'histoire. Il m'est arrivé, plus souvent que vous ne pensez, d'être intéressé par la lecture de certaines compositions d'agrégation ou de licence, comme je le serais par un article de revue, et de méditer pour mon profit sur les idées qu'elles me suggéraient. Pendant que vous croyiez peut-être, dans votre modestie, n'être que des échos de mon enseignement, c'est moi qui étais votre obligé et qui m'instruisais à votre école. Et cela est beaucoup moins paradoxal qu'il ne semble, c'est même la chose du monde la plus normale et la plus naturelle. Nous sommes, par situation, des conservateurs, assez lents à nous tirer de l'ornière des traditions classiques; vous êtes, par votre âge, en communion intime avec l'esprit moderne, avec la génération qui s'élève, et d'où sortiront les écrivains, les penseurs, les artistes de demain; ou plutôt vous êtes vous-mêmes cette génération nouvelle, et c'est parmi vous que notre espérance compte déjà les hommes qui demain auront un nom. Je n'ai jamais compris pourquoi certains professeurs ont l'air de regarder la jeunesse studieuse comme vouée nécessairement à la médiocrité, et de croire impossible chez elle l'éclat précoce du talent. Je ne dis pas que vous puissiez avoir encore la maturité et l'expérience; à Dieu ne plaise que vous soyez vieux avant l'âge! Mais quel plaisir pour nous de louer, en la disciplinant, votre exubérance même! Et quel profit pour nous de réchauffer à votre ardeur notre vieille raison un peu trop assagie! Non, nous ne vous souhaitons point de porter si tôt des fruits mûrs; mais n'est-ce pas pour un maître à la fois la joie la plus vive, la plus douce récompense, et le stimulant au travail le plus efficace, quand sous ses yeux, entre ses mains, fleurit un jeune talent, et qu'il peut espérer, selon le beau vers de Malherbe, que les « fruits passeront la promesse des fleurs »?

Les travaux personnels des professeurs peuvent fort bien être tout à fait étrangers aux choses universitaires et n'avoir aucune espèce de rapport avec ceux des étudiants. On ne nous défend point d'écrire des « vaudevilles » et des « opérettes », autrement dit, des œuvres d'imagination. On a vu des romanciers et des poètes parmi les professeurs de Faculté. Mais ils sont rares, parce que, si l'on comprend sans peine qu'un homme doué du génie créateur exerce un métier pour vivre, il est moins concevable que le métier choisi soit, comme la divine occupation, une fonction littéraire, qui, exigeant de l'écrivain une certaine dépense d'idées, de savoir et de talent, absorbe plus ou moins son esprit et l'empêche d'exploiter librement un capital intact.

Dans l'immense majorité des cas, les publications des professeurs se confondent avec leur enseignement ; elles sont cet enseignement lui-même : érudition historique, philosophie, critique de texte ou critique littéraire, histoire de la littérature, etc. Mais la question délicate et intéressante est de savoir si l'objet essentiel du professeur est son enseignement oral, le livre n'étant alors qu'une production accessoire, conditionnelle et subordonnée ; ou si, au contraire, le livre doit être son grand et principal souci, l'enseignement oral n'étant pour lui qu'une occasion pressante d'exécuter quelque chère idée.

Je n'hésite pas à répondre qu'un professeur doit considérer et aimer *son livre plus que son cours* ; et, comme je ne veux rien dire que je ne puisse justifier, je me fais fort de donner, de cette assertion surprenante peut-être, la preuve sans réplique, sinon pour tout l'enseignement supérieur, au moins pour ce qui touche une partie de notre activité professionnelle que je connais à fond : le cours public de littérature.

Personne ne conteste que le public qui afflue dans les amphithéâtres, les salles de conférences, les athénées, ne soit très facile à contenter. On a son indulgence en lui servant n'importe quoi, son admiration par les qualités du débit et par tout ce que les rhétoriques appellent l'action, ses éclats de rire par de vieilles anecdotes, ses applaudissements par des phrases creuses. Il *suffit* donc, pour lui être agréable, d'un très petit effort. Mais quand on ajoute (ce que les orateurs impopulaires disent beaucoup trop) que, pour plaire au public, il *faut* être superficiel, vide et nul, c'est ici que l'erreur commence ou plutôt qu'on déraille en plein dans le faux.

Le public admet volontiers qu'on lui parle pour ne lui rien dire, il ne l'exige pas. On ne saurait soutenir avec vérité ce paradoxe antique, qu'il préfère les sottises aux idées de valeur, puisqu'il approuve et acclame celles-ci tout aussi bien que celles-là. J'ai été souvent attiré, dans mes études, par le mystère étrange de cette bête inerte et passive, le public[1], et

1. Voyez notamment mon article dans *la Grande Revue* du

la conclusion de toutes mes analyses a été qu'hélas ! ce n'est point une quantité négligeable, puisqu'il est le nombre et la force, mais que sa valeur morale et intellectuelle est exactement égale à zéro. Il n'est ni intelligent ni stupide, comme il n'est ni juste ni injuste, ni bon ni méchant : *il n'est pas*. Les individus qui le mènent lui font croire et faire tout ce qu'ils veulent. S'il était capable d'une certaine dose d'initiative et de pensée, il serait guidé par une espèce d'esthétique à lui, telle, par exemple, que l'amour de la médiocrité, qui, en général, semble bien être sa règle intérieure : mais non, il n'a même pas cette constance de médiocrité dans ses goûts, et si on lui présente de très

1ᵉʳ juin 1899 : *Qu'est-ce que le public ?* recueilli dans la deuxième série de mes *Réputations littéraires*, chapitre VIII. Je sais qu'on prétend distinguer le *public* de la *foule*, et j'avoue qu'il y a *des publics* de choix qui ne sont pas la foule : on peut voir, par exemple, des amphithéâtres de critiques 'ou de savants comme on a vu des parterres de princes; mais ces aréopages exquis, s'ils ne sont point la foule, ne sont pas le public non plus. C'est la simple juxtaposition d'individus d'élite, toujours en petit nombre, que la force exceptionnelle de leur esprit soustrait si bien à l'inconsciente pénétration de l'entourage qu'ils restent indépendants et originaux en société et que *l'âme de la multitude* n'a point de prise sur eux. Dès que le public grossit et se vulgarise, il se confond avec la foule, puisque la distinction découverte par M. Tarde, qui a fait sur la matière un livre spécial, se réduit à ceci : la foule, c'est le public illettré; le public, c'est la foule qui lit.

belles choses, il ne s'y montre point insensible ; car, voyez, il les applaudit ! Maintes fois donc on a eu ce spectacle, déconcertant pour une certaine logique trop simple et trop courte, de voir des orateurs vraiment éloquents, vraiment sérieux, vraiment profonds, le ravir et l'enthousiasmer non moins vivement que les bavards et les déclamateurs.

Et, s'il en est ainsi, la conclusion s'impose. Faites de belles et fortes leçons, mais faites-les *pour vous* et pour votre satisfaction personnelle. Elles ne risqueront point de mettre le public en fuite, puisque, à la seule condition que vous ayez les qualités extérieures de l'orateur, la science et le vrai talent ne sont pas pour la foule une cause nécessaire d'ennui. Averti par les personnes intelligentes qui sont dans ses rangs, votre auditoire avouera même et colportera par la ville, que votre cours, substantiel et soigné, est mille fois supérieur à celui de l'amuseur d'à côté. Mais gardez-vous, comme d'une chose inutile et dangereuse, de donner la moindre pensée à ce public présent. Méprisez-le. Oubliez-le. Rêvez que vous êtes devant un public idéal et chérissez ce rêve. Songez aux lecteurs amis que vous fait anticiper la douce illusion de l'espérance. Par con-

séquent, ayez infiniment plus de tendresse et
d'estime pour votre livre que pour votre cours.
Et c'est ce qu'il fallait démontrer.

Qu'il ait ou non conscience de la piquante
anomalie dont notre profession est loin de
souffrir, puisqu'elle en profite au contraire et
qu'elle en jouit comme d'un très singulier privilège, le professeur de Faculté qui, par raison
ou par goût, tient plus à ses publications qu'à
son enseignement, se félicitera, un certain
jour, d'avoir si bien réglé ses préférences : c'est
quand sonnera pour lui l'heure de la retraite.
Heure fatale, inaction mortelle pour tant de
fonctionnaires encore valides, rompant soudain
avec des habitudes invétérées devenues un
besoin de leur existence! Mais celui que le
métier d'écrire amuse avant tout, s'écriera
joyeusement en voyant venir l'âge où rien ne
distraira plus son esprit de sa principale
affaire : Enfin, je vais pouvoir travailler !

Un professeur de Faculté, en province surtout, peut donc être content de son sort. Il a
de la liberté, du temps, du loisir, de bonnes
vacances, d'assez bons gages. Sa fonction de
maître de la jeunesse n'est rien moins qu'une
charge accablante, n'étant pas, à proprement

parler, une tâche de pédagogue ni même d'é-
ducateur ; il n'a point à élever des enfants, non
plus qu'à leur enseigner les rudiments de la
grammaire. D'un peu loin et de haut il guide,
conseille, éclaire et réchauffe, édifie par de
belles maximes générales, pique d'émulation
par son propre exemple des esprits déjà hors
de page, plutôt qu'il ne forme de véritables
élèves. Aussi ne s'attribue-t-il de part prépon-
dérante ni dans leurs succès ni dans leurs
revers ; et s'il se réjouit des uns, s'il s'afflige
des autres, c'est en ami qui s'intéresse sympa-
thiquement à leur destinée, mais qui ne s'en
croit pas l'auteur responsable.

Si son principal enseignement est le cours
public, il s'occupe d'abord, il s'occupe même
exclusivement de son affaire à lui, qui est sa
renommée de savant ou d'homme de lettres,
et, par un merveilleux paradoxe de sa bonne
fortune, il se trouve, ô miracle ! que sa fonction envers l'Etat sera d'autant mieux remplie
et mieux récompensée qu'il poursuivra, d'une
ardeur plus jalouse et plus égoïste, cette fin
personnelle.

J'ai dit qu'un tel homme a de quoi être content de son sort. Je n'ai pas dit : de quoi être
heureux ; car ce sont deux choses différentes.

Les conditions du bonheur sont d'un autre ordre. Le bonheur consiste par excellence dans le sentiment d'une activité utile, consacrée à autrui, pure de toute poursuite intéressée. Rendre de grands et de petits services, contribuer au bien de tous et à celui de quelques-uns ; n'avoir ni hauteur insolente, ni aigreur chagrine, ni froideur dédaigneuse ; s'étudier, d'un cœur hospitalier et large, à aimer l'humanité dans ses types individuels d'une si amusante diversité, voilà le secret exquis, unique et trop peu connu du bonheur. Tandis que vivre sans se dévouer à quelque chose de meilleur et de plus grand que soi-même, c'est tristement se condamner à une existence malheureuse et misérable au fond, sous des dehors trompeurs, parce qu'il n'y a point de bonheur dans l'égoïsme.

Si donc, au lieu des satisfactions, toutes de l'ordre égoïste, que j'ai considérées dans la carrière du professeur de Faculté, je m'étais placé au point de vue très différent et infiniment plus moral de son bonheur, mes conclusions n'eussent pas été tout à fait les mêmes, ou, pour mieux dire, il eût fallu les renverser de fond en comble. Bien loin d'insister sur ce qui distingue des autres enseignements l'en-

seignement supérieur, où le maître, sous prétexte qu'il s'adresse à des maîtres futurs, n'est
pas forcé, disais-je, de remplir auprès d'eux
l'humble fonction d'éducateur des esprits, des
volontés et des âmes, je l'aurais, au contraire,
montré prenant plaisir à se faire petit pour
mieux atteindre des intelligences encore jeunes, ne trouvant au-dessous de lui aucun
travail, aucun service, aucun dévouement,
indulgent pour l'inexpérience, sévère pour la
paresse, difficile à se contenter lui-même et
toujours prêt à penser que les fautes de ses
étudiants, qu'il aime à appeler ses élèves,
doivent être sa faute d'abord. La sagesse est
sans doute de faire consciencieusement tout
son devoir ; mais le bonheur récompense
celui qui, d'un entrain joyeux, fait plus que
son devoir.

Quant à la subordination du livre au cours
ou du cours au livre, la question n'intéresse
point le bonheur ; car le bonheur ne consiste
dans le succès ni du professeur ni de l'écrivain ; il est dans la conscience d'un service
rendu aux études, à la science, à l'humanité.
Dans tout l'ordre de l'activité scientifique, je
suppose que cette conscience n'est point rare ;
lors même que l'ambition personnelle a été

l'âme de ses recherches, le savant doit trouver facile d'anéantir le souci de son propre intérêt dans l'importance des résultats obtenus. En littérature, la chose est moins claire. Non seulement on n'aperçoit pas très bien l'utilité d'une « opérette » ou d'un « vaudeville », mais nos études critiques elles-mêmes sur les grands poètes et les grands prosateurs sont-elles donc autre chose que l'expression plus ou moins brillante de notre humeur, de notre esprit, et la satisfaction d'une vanité ? Existe-t-il une vérité *objective* sur Rabelais, sur Montaigne, sur Molière, sur Racine, sur Victor Hugo ? On ne le croirait pas, puisque la critique littéraire, à la différence de la science, qui procède par l'augmentation constante et sûre des résultats acquis, change ses méthodes, renverse ses idées, remet à neuf ses principes et ses fantaisies, d'une époque à l'autre, d'un interprète à l'autre, et se renouvelle parfois tout entière.

Cependant, cette suite changeante d'impressions a une grande importance dans l'éducation esthétique de l'homme ; pour vous en rendre compte, supprimez par hypothèse tous les ouvrages de critique littéraire : ce n'est pas seulement une partie de l'enseignement qui s'effondre, une branche de la librairie qui disparaît : la production même de la littérature d'imagination, roman, poésie, drame, se trouve compromise ; car les créateurs originaux ont beau affecter un souverain mépris pour nos ouvrages, ils en subissent l'influence à leur insu, et l'universelle culture rend de plus en plus rares et impossibles les génies spontanés. Et pour ce qui est de la jeunesse studieuse, l'opinion que j'ai toujours soutenue, contre l'avis moins sincère ou moins réfléchi que modeste de la plupart des maîtres, c'est que nos pauvres études littéraires contribuent beaucoup plus à la formation de son esprit que les textes mêmes des grands auteurs.

Nous pouvons donc, après l'avoir niée tout d'abord, croire, par réflexion, à l'utilité de notre œuvre critique ; mais cette utilité est trop indirecte, trop contestée, trop douteuse, pour que nous possédions une sérieuse source de bonheur dans la conscience du service que nous rendons aux études en général. Soyons de bonne foi : le seul sentiment que nous fasse éprouver la publication d'un nouveau volume, c'est un très vif espoir de la vanité, bientôt suivi d'une amère et profonde déception. La sagesse conseille donc au professeur de Faculté de chercher son bonheur uniquement dans l'utilité prochaine et certaine des services qu'il rend à ses étudiants et, par conséquent, de sacrifier tous ses livres avec tous ses grands cours à la partie la plus humble et la plus terre à terre de sa besogne pédagogique.

Nemo sua sorte contentus est. Un professeur provincial, s'il comprenait les rares avantages de sa condition, pourrait couler dans sa province une vie presque heureuse. Mais il se tracasse, et il n'a point de cesse qu'il ne se soit fait nommer à Paris, ce prestigieux Paris étant resté, après comme avant, la création des Universités régionales,

Le but éblouissant des suprêmes efforts.

Un professeur parisien veut être de l'Académie française, ou, au moins, de quelque section de l'Institut. Personne ne s'arrête, personne ne se repose, personne n'est content. Le vers du poète Horace et l'exemple de la grammaire latine ont toujours raison.

CHAPITRE TROISIÈME

DOYEN

Le décanat, comme toutes les charges qui sont aussi des honneurs, divise en quatre classes les caractères humains :

1° Quelques ardents qui l'ambitionnent et ne cachent point leur désir ; 2° quelques francs connaisseurs d'eux-mêmes qui, en déclarant qu'ils ne l'accepteront à aucun prix, disent la vérité ; 3° beaucoup de malins qui font semblant de décliner toute candidature, mais qui n'aspirent qu'à être élus ; 4° beaucoup de rêveurs qui sont dans les nuages, ne sachant distinctement ni de quoi ils sont capables, ni ce qu'ils veulent, ni ce qu'ils ne veulent pas, et qui se laissent mener par les circonstances.

La rareté de la vertu qu'on nomme sincérité fait que les deux premières classes sont peu nombreuses. Pareil à la plupart des hommes, je pourrais appartenir au troisième troupeau,

si la malice ou l'habileté ne me faisait pas défaut bien plus certainement que la franchise,
et je ne vois dès lors que le numéro 4 qui reste
mon partage.

Un homme que le sage de Rabelais eût aimé,
car il est la conscience même unie à la science [1],
l'éminent philosophe E..., avait succédé en 1887,
comme doyen de la Faculté des lettres de Bordeaux, à Auguste Couat, nommé recteur à Lille.
Dans laquelle de nos catégories ce juste ren-
trait-il ? Dans aucune, et j'aurais besoin d'en
ajouter exprès pour lui une cinquième, dont il
serait presque le seul représentant : si rares
sont les hommes tels que lui, dont l'unique
règle de conduite est l'obéissance à l'idée qu'ils
ont de leur devoir ! S'il accepta d'être doyen,
ce fut, qu'on en soit sûr, à cause des choses
bonnes et utiles qu'il espérait faire en cette
qualité ; si, après trois ans d'exercice, il refusa
d'avance très positivement une seconde inves-
titure, ce fut, n'en doutez point, sur quelque
ordre nouveau de sa conscience. Lorsque, en
1894, l'éclat de ses œuvres et de son nom l'im-
posa au choix du ministre pour inaugurer, à la
Faculté des lettres de Paris, le cours d'his-

1. « Science sans conscience n'est que ruine de l'âme. »
(Lettre de Gargantua à Pantagruel.)

toire de l'Économie sociale fondé par M. de Chambrun, il dit à ses étudiants de Bordeaux, dans le punch d'adieu qui lui fut offert, qu'il ne es quittait pas pour son plaisir, ni pour la vanité d'être professeur à Paris, mais parce que la chaire nouvellement créée à la Sorbonne était un véritable « poste de combat », dont il regardait comme son devoir d'accepter le péril avec l'honneur. Mon Dieu ! il est possible qu'en de pareilles circonstances on dise toujours, en plus ou moins bons termes, quelque chose comme cela ; mais personne ne prit ces paroles consacrées par l'usage pour une vaine rhétorique, et tout le monde sentit que, tombant d'une telle bouche, elles étaient l'expression exacte, sincère et sérieuse de la vérité.

Voilà l'homme auquel j'eus le redoutable honneur de succéder comme doyen, le 20 novembre 1890. L'extrême complaisance de mes collègues renouvela mes pouvoirs en 1893, en 1896, et me maintint dans ma charge neuf ans. Pourquoi ? Par la même raison, sans doute, qui fait entrer à l'Académie française certains personnages profondément étrangers au métier d'écrivain : à quel propos leur faire l'injure de croire que, s'ils écrivaient, ils écriraient mal ? On n'en sait rien, ils n'ont pas donné de preuves contre eux. Je n'avais pas donné de preuves contre moi, et telle est la puissance des vertus négatives que le néant même de mon administration fut, selon toute probabilité, la force secrète qui la fit revivre deux fois. Il y a des fonctions où c'est une habileté, consciente ou inconsciente, de savoir s'effacer le plus possible ; le décanat est de ce nombre ; mais, moi, je m'effaçai par insignifiance naturelle. Dans le petit train ordinaire des choses, les Facultés n'ont pas besoin d'un dictateur ; il ne leur faut qu'un simple chef de file ; moins le premier d'entre nous fait sentir la primauté que nous lui avons octroyée, plus nous lui savons gré de cette politesse.

Nul comme administrateur, je suis, comme financier, au-dessous de zéro. Mais cela n'a pas d'importance. Le véritable doyen d'une Faculté, c'est son secrétaire, surtout quand celui-ci est un homme aussi capable que le nôtre. Je me suis bientôt aperçu, au cours de mes exercices successifs, qu'un doyen pouvait, si c'était son humeur, ne faire administrativement que peu de chose ; la découverte que j'ai faite, en arrivant au terme, c'est qu'il pouvait ne rien faire du tout. L'art d'un secrétaire est de laisser croire au doyen qu'il administre, en l'amusant avec des apparences ; la sagesse d'un doyen est de consentir de bon cœur à l'usurpation du secrétaire, en lui laissant prendre la réalité. Vraiment, on peut lui abandonner tout, à cet homme, y compris (ce qui m'a toujours paru la partie la plus délicate de ma tâche) la distribution du service des professeurs aux examens : le secrétaire acceptera, non seulement sans se plaindre, mais avec joie, tout travail extraordinaire qui, appartenant au doyen par excellence, rendra plus sensible cette vérité, qu'il est le doyen effectif.

Restent les audiences particulières. Recevez très hospitalièrement et sans la moindre restriction gênante chez vous... quand vous y êtes, non point (comme font les novices) à la Faculté, tel jour et à telle heure : vous serez plus libre, et vos visiteurs, plus libres aussi, n'useront pas longtemps de cette liberté, de même qu'on se lasse bientôt d'aller voir les dames qui n'ont point de jour.

Reste ensuite la présidence des assemblées ; reste enfin l'imprévu, dont la forme la plus terrible, hélas ! est la mort d'un collègue ou d'un étudiant. Mais un doyen qui aurait parié de ne rien faire, sans désobliger personne par

cette inaction, aura, les jours de délibération difficile, une indisposition diplomatique et
trouvera dans son assesseur un vice-président
toujours enchanté de prendre sa place. Pour
les oraisons funèbres, de même, il rencontrera,
sans beaucoup chercher, pareil empressement
chez des collègues qui ont particulièrement
bien connu le défunt ou qui saisissent avec
avidité toutes les occasions de se mettre en
avant. Il pourra donc, sans se faire le plus
léger tort, réduire sa charge à un rôle si
exclusivement décoratif qu'elle se bornera
presque au plaisir ou à l'ennui de figurer aux
dîners officiels de la Préfecture et à la revue
du 14 juillet dans la loge des autorités.

Il va sans dire que ces maximes abomina-
bles n'avaient jamais effleuré, même comme
une tentation fugitive, l'âme de mon vertueux
prédécesseur. Vrai doyen, résolu à l'être, il
ne se dérobait à aucune des obligations de sa
charge. Il en aurait inventé plutôt. Dans sa
volonté courageuse de gouverner et d'agir,
n'avait-il pas commencé par exiger que le
courrier quotidien, qui, hormis les lettres personnelles, est, dans toutes les administrations,
dépouillé et mis au courant par le secrétaire,
passât d'abord sous ses yeux ? Si l'encombre-

ment, le désordre et les retards qui devaient résulter de cette méthode, ne permirent pas à sa vaillance de garder huit jours de suite un pareil labeur sur ses bras, il eut au moins l'honneur de l'avoir entrepris.

La régularité et l'activité dont il donnait l'admirable exemple dans l'accomplissement de ses fonctions de professeur, il tenait à ce qu'elles fussent aussi les vertus de chacun de nous. Si l'on songe combien il est plus facile, plus vulgaire, plus à la portée de tout le monde, de laisser tomber le gouvernement en quenouille que de le relever d'une main ferme et virile, quelle haute estime n'aura-t-on pas pour un doyen qui osait quelquefois rappeler à ses collègues leur devoir !

Comme on pense bien, l'instruction et même l'éducation de la jeunesse scolaire étaient le souci dominant de ce pasteur d'âmes. Rien n'est plus significatif, pour caractériser un professeur et surtout un doyen, que la préférence qu'il attache en son cœur à ses propres ouvrages ou à l'intérêt de ses élèves. Si mon dévoué prédécesseur avait jugé impossible de concilier le sacré devoir pédagogique avec la production de travaux personnels, il en aurait éprouvé « quelque regret », comme il l'avouait dans un rapport de fin d'année avec une froideur voulue ; mais stoïque, comme Brutus, il eût, sans sourciller, sacrifié tous ses livres à la République, je veux dire à l'allaitement des petits Français, qu'il faut d'abord nourrir.

Deux innovations généreuses révélèrent, au début de son décanat, la sérieuse préoccupation pédagogique qui devait en être la pensée maîtresse : ce fut l'institution des directeurs d'études et celle des séances intimes de rentrée.

La première, chose pénible à dire, faillit amener, sinon la division, au moins un certain malaise dans les relations des professeurs. Des directeurs d'études, c'est fort bien ; mais qui les nommera ? Le doyen ? Il n'a pas le droit de conférer à aucun de ses collègues le moindre pouvoir sur les autres.

L'assemblée générale des professeurs ? Ceux de chaque section ? c'est délicat. Et d'abord, question première, à quoi servent les directeurs d'études ? L'usage nous a appris que leur seule utilité théorique serait de centraliser, une ou deux fois par an, les notes des étudiants de chaque groupe ; mais que, dans la pratique, cette utilité est illusoire, parce que le doyen obtient plus sûrement et plus vite les notes dont il a besoin en s'adressant à chaque maître individuellement, qu'en employant l'intermédiaire d'un prétendu directeur d'études auquel ses collègues sont bien aises de faire sentir (telle est l'humaine nature) qu'il n'a aucune autorité.

Il n'est point dans les mœurs de l'Université de Bordeaux de tenir, à la rentrée de novembre, ses grandes assises générales ; les quatre Facultés reprennent, chacune chez elle, leurs travaux, sans pompe et sans fracas. C'est d'abord parce que notre palais universitaire n'a pas de local assez vaste ; et, vers 1890, c'était aussi, c'était surtout à cause de la profonde indifférence, on peut même dire de l'antipathie justifiée qu'avaient pour certaines cérémonies publiques nos deux derniers recteurs, M. Ouvré d'abord, puis notre cher Auguste Couat, reconquis par Bordeaux et devenu notre recteur après la mort de M. Ouvré. Mais il avait paru convenable à son successeur dans le décanat, qu'à défaut de grandes assises publiques et solennelles, la rentrée annuelle de la Faculté des lettres fût marquée au moins et comme scandée par une séance intime réservée aux étudiants et aux professeurs.

Convenance esthétique et morale plutôt qu'utilité pratique. Le cours régulier de nos

exercices ne dépendait point de cette séance,
puisque toutes nos fonctions, examens, conférences, cours publics, assemblées même pouvaient avoir repris, quand elle avait lieu, leur
train ordinaire plus réellement interrompu que
secondé par elle. Aussi n'était-elle guère au
goût des professeurs, qu'elle dérangeait sans
nécessité, et qui généralement égoïstes (si j'en
juge par moi-même), n'ont jamais demandé à
leurs doyens qu'une chose : c'est de les laisser tranquilles.

Cependant, je commençai par maintenir cette
institution comme celle des directeurs d'études,
comme celle (combien précieuse !) des dossiers
d'étudiants, conservant avec un soin religieux
la tradition de mon excellent prédécesseur et
tâchant de me pénétrer de son esprit.

Dans la première des séances intimes de
rentrée que je présidai, le 7 décembre 1891,
une partie de mes consciencieux efforts eut
pour but de m'expliquer à moi-même et de me
démontrer, en même temps qu'à mes auditeurs, la beauté, sinon l'utilité de ces petites
fêtes de famille.

Quel est le sens, Messieurs les étudiants, et quelle est
la valeur de cette séance intime de rentrée qui nous
réunit aujourd'hui?

Je demandais un jour à un professeur d'une Faculté des sciences (ce n'était pas à Bordeaux) si dans sa Faculté on avait l'usage des séances et des discours de rentrée? « Non, me répondit-il, nous sommes des gens sérieux. »

Il faut que je l'avoue, à l'époque où cette plaisante réponse m'était faite, je n'étais pas éloigné de partager le sentiment de mon interlocuteur. Je ne comprenais pas très bien la raison d'être de ces petites solennités dont mon prédécesseur dans le décanat avait pris l'intelligente et courageuse initiative. Et comme il peut y avoir parmi mes collègues ou parmi vous quelqu'un qui ne la comprenne pas encore, il ne sera pas inutile que j'essaye d'expliquer ici et que j'achève de m'expliquer à moi-même comment, en nous réunissant tous une fois avant la reprise de nos travaux, nous ne faisons pas une chose indigne de « gens sérieux ».

Supposez que nous nous remettions au travail, les uns après les autres, sans concert, à la débandade, chacun à l'écart et dans son coin, cela serait-il *beau*? Assurément non. Et non seulement ce manque de forme choquerait, chez ceux qui ont du goût, un certain sentiment du convenable, mais il choquerait aussi, chez ceux qui réfléchissent et qui pensent, le sens même du réel et du vrai. Car la vérité est que nous sommes quelque chose de plus qu'un simple rassemblement, sous le même toit, de travailleurs, dont les uns enseignent et les autres étudient; nous collaborons à une certaine œuvre, nous poursuivons ensemble un but commun, nous formons un corps organisé, nous avons un même esprit et une même âme, nous sommes, en un mot, une *société*, et à l'occasion, quelque chose de plus intime, une *famille*.

Cette société fait elle-même partie d'autres ensembles plus compréhensifs, des Universités d'abord, puis, de l'Etat et de la patrie française. Si notre recteur avait à sa disposition un local assez vaste pour réunir tous les étudiants et tous les professeurs des quatre Facultés, une assemblée aussi imposante aurait sa haute signification symbolique, qui pourrait englober celle des séances particulières de rentrée et les faire trouver superflues. Mais la vacance prolongée des grandes assises générales de l'Université de Bordeaux rend d'autant plus désirable que chaque Faculté tienne modestement les siennes ; je sens que si cette réunion de famille n'avait pas lieu, il manquerait à notre vie scolaire une petite cérémonie initiale qui a son sens et sa valeur, et je remercie celui que je veux toujours appeler mon doyen d'avoir, en cela comme en tant d'autres choses, ouvert une voie que son successeur n'a qu'à suivre pour marcher dans la vérité et la raison.

Quatre années de suite je persévérai, inutilement, j'en ai peur, pour les étudiants, ennuyeusement, à coup sûr, pour mes collègues, mais point fâché, je l'avoue, de mettre à profit une occasion si bonne d'insister sur deux ou trois idées qui m'étaient chères.

Quand je crus les avoir assez, plus qu'assez répétées, au bout de quatre ans, le 4 décembre 1894, je rompis net avec l'institution, et l'enterrement de nos séances intimes de rentrée se fit obscurément, par la déclaration suivante, sans regrets, sans douleur, sans la moindre déchirure à notre vie, sans qu'aucun de nous, étudiants ou professeurs, sentît manquer dé-

sormais à son existence universitaire et scolaire ni ornement précieux ni rouage essentiel :

Soyons de bonne foi : nos séances de rentrée sont une
parade et une pure fiction, puisque nos conférences ont
recommencé depuis quatre semaines, nos cours publics
depuis huit jours, et qu'en ayant l'air de *rentrer* le 4 décembre, nous donnons à croire aux médisants que nous
n'avons rien fait jusque-là. Nos voisins des sciences, qui
sont gens pratiques, n'ont point de discours de rentrée et reprennent leurs travaux sans tambour ni trom-
pette : ils ont bien raison. Si j'ai cru devoir vous convoquer encore cette année, ce n'est pas qu'aucun règlement
m'y oblige ; c'est pour me conformer à une simple tradition léguée par mon prédécesseur dans le décanat, qui,
lui, avait toujours d'excellentes choses à vous dire, des
vérités généreuses et fortifiantes à vous rappeler très
utilement ; mais, depuis quatre ans que j'ai l'honneur
d'être doyen de la Faculté des lettres de Bordeaux, j'ai
suffisamment dit et redit le peu d'idées que je pouvais
avoir à cœur d'exprimer devant vous, et je m'aperçois
avec chagrin que je me répète.

Je n'ai donc pas, en ce moment, le dessein de vous
convoquer l'année prochaine ; je dis : *en ce moment,* car
je suis trop prudent pour lier ma liberté par aucun
engagement définitif ou irrévocable, et il pourra m'arriver de vous réunir encore si quelque événement
d'importance me fournit l'occasion d'un thème intéressant et neuf, ou si un de mes collègues propose (ce
que je lui accorderai avec empressement) de prendre
la parole à ma place. Mais tous, nous observerons cette
grande règle, la première de toute bonne rhétorique,
qui est de ne parler que quand on a quelque chose à
dire.

Quelles étaient ces idées dont la répétition, après m'avoir, quelque temps, seul intéressé et amusé, avait fini par me lasser à mon tour?

Je les exposerai tout à l'heure. Vidons d'abord, si la vidange en est possible, l'éternelle question du latin, que je ne pouvais me dispenser d'aborder dans mes discours et que j'essayai de rajeunir par cette dialectique assez nouvelle qu'abolir le latin était logique sans doute, mais que, pour cette raison même, peut-être était-il sage de le conserver.

Vous me direz, messieurs les étudiants de licence, que la dissertation latine, ce spectre terrifiant, est une anomalie ; qu'il est contradictoire de supprimer la composition latine au baccalauréat et de la conserver à la licence ; que la lente élimination du latin étant dans la logique des choses, la dissertation latine est destinée à disparaître au moins des licences de philosophie, d'histoire et de langues vivantes, et que la réforme la plus modérée, la plus raisonnable que l'on pût faire, serait de la remplacer par une version [1] pour ces trois catégories de candidats.

A ce bel argument, à ce discours profond,

je répondrai d'abord que la dissertation latine existe et qu'il n'est pas en notre pouvoir de la supprimer ; ensuite, que sa mort pourrait bien n'être pas si prochaine, plusieurs des personnes et des personnages dont dépendent

1. La substitution du thème latin à la dissertation latine pour les autres licences que celle des lettres pures, n'était pas encore un fait accompli quand ce discours fut prononcé.

ses destinées, même parmi les philosophes et les historiens, paraissant avoir beaucoup moins envie de l'achever que de lui rendre la vie et la force ; et enfin, que si vraiment la bête sent qu'elle va mourir, c'est précisément à cette période que ses morsures, plus vindicatives, plus furieuses, sont plus à redouter que jamais. Ne dit-on pas de même que la thèse latine du doctorat a fait son temps ? Cela n'empêche pas qu'il faut sérieusement compter avec elle, et qu'elle est encore très capable (j'en ai vu ici même des exemples récents) de punir assez cruellement certains manques de respect à son égard.

Il est beau d'être un grand philosophe, un savant historien, mais il est utile d'être licencié. C'est pourquoi, mes amis, il convient de soigner la dissertation latine.

Appartient-il, d'ailleurs, à des historiens qui doivent connaître la nature humaine d'après ses faits et gestes, appartient-il à des philosophes, qui l'ont étudiée et approfondie *in abstracto*, de condamner une institution, une tradition ou une coutume, par cette pauvre raison qu'elle n'est pas logique ? Mais, Messieurs, l'absence de logique est la condition de la santé et de la prospérité pour toutes les choses de ce monde, et la satisfaction absolument parfaite de la logique marquerait pour elles l'instant de la mort. Imaginez, par exemple, dans nos relations avec nos semblables, un accord rigoureux de nos sentiments et de notre langage, de notre conduite extérieure et de nos secrètes pensées : ce serait une chose horrible et la ruine instantanée de la société. Celle-ci ne subsiste que grâce à un mécanisme ingénieux de compromis avec la vérité, de petites hypocrisies et de gros mensonges, qu'une morale à vue courte condamne avec emportement, mais dont une sagesse plus haute reconnaît sans horreur la nécessité impérieuse. Il est trop évident qu'une religion où rien ne contrarierait la raison, la logique, perdrait par là même toute son originalité, le caractère proprement religieux par où elle se distingue de la philosophie ; pour qui comprend les choses sous l'insolence des mots, il n'y a pas au fond une réelle impiété, il n'y a qu'une très grosse irrévérence dans la forme à dire, avec Schopenhauer, que « quelques absurdités bien palpables sont un ingrédient essentiel de toute religion bien faite ». Ne sommes-nous pas forcés d'accorder, en effet, qu'en supprimant d'une religion l'irrationnel et le mystérieux, pour la rendre parfaitement claire, logique et raisonnable, on la vide de ce qui est son essence et sa raison d'être ? Dans l'ordre politique et social, les outranciers de la logique sont les pires ennemis de l'existence paisible et normale des Etats ; rien qu'un nouveau 93, plus sanglant et plus radical que le premier, ne pourra satisfaire ces inexorables logiciens. La politique ne pourrait-elle pas être définie avec assez de justesse : l'art de faire vivre ensemble des prétentions ou des droits logiquement inconciliables ?

Et, pour revenir aux choses de notre compétence et de notre province, le retour des Facultés à leur véritable fonction entraînait comme suite nécessaire la suppression de certaines écoles spéciales, telles que l'Ecole normale supérieure. Cette conséquence, la logique l'imposait ; mais la sagesse conservatrice s'est très prudemment abstenue de la trouver bonne pour cette seule et pauvre raison... Et voilà justement, messieurs les philosophes, messieurs les historiens, qui aspirez à la licence, pourquoi il faut soigner la dissertation latine.

Je ne pouvais passer sous silence, dans cet ordre d'idées, l'exemple même de notre grande maison universitaire : la double contradiction logique, que j'ai tant signalée, aux prises de laquelle l'enseignement supérieur semble d'abord se débattre comme un oiseau blessé ou captif, mais qui est peut-être le secret et puissant ressort de sa vitalité :

D'une part, ce terme ambitieux d'*enseignement supérieur*, qu'on ne peut prononcer sans une certaine emphase, signifie hautes études, culture désintéressée, érudition, activité souverainement libre et indépendante, éloquence de la chaire professorale, publications du savant ou du lettré : d'autre part, la préparation terre à terre aux examens, l'éternelle explication des mêmes auteurs du programme, la correction des devoirs, enfin (pardonnez-moi cet excès de hardiesse !) la qualité médiocre de trop nombreux candidats, nous imposent une besogne des plus secondaires, quand elle n'est pas élémentaire et primaire, besogne si absorbante qu'elle suffit à elle seule pour occuper tous les instants du maître consciencieux, dévoué d'abord à sa fonction et à ses élèves. Brave maître ! il a l'approbation de sa conscience et la respectueuse estime de ses collègues, mais sa récompense se borne là ; c'est à celui qui fait du bruit au loin que vont tous les genres de succès, l'attention et la faveur non seulement du public, chose bien naturelle, mais même, ce qui est beaucoup moins juste, celle du ministère.

Première contradiction, qui se complique d'une autre. Pendant que chaque professeur, individuellement, est apprécié en haut lieu uniquement d'après sa valeur personnelle comme savant et comme auteur, les Facultés de province, en tant que corps, sont classées dans l'opinion de nos puissants amis de Paris d'après les succès de leurs élèves aux divers concours. Voilà comment notre honneur se trouve intéressé autant que le vôtre à vos succès de fin d'année ; voilà pourquoi nous conti-

nuons avec un zèle de plus en plus fiévreux et jaloux à
y attacher une importance vraiment exorbitante, bien
que la sagesse elle-même nous répète aujourd'hui encore
par la bouche de M. Marion, dans son excellent et récent
ouvrage sur *l'Éducation dans l'Université :* « Il est de
votre devoir de ne pas tout subordonner à cette fin, de
défendre au besoin contre les élèves et, s'il le faut, contre
l'administration elle-même, trop exclusivement soucieuse
de certains résultats, la dignité de l'enseignement. »
Tout cela est absurde, contradictoire et illogique. Eh
bien ! nous ne nous en portons pas plus mal ; nous nous
accommodons à merveille, au contraire, de ce tissu
d'inconséquences qui est la vie même.

Examinée en soi, la question du latin, si on
veut la résoudre avec quelque bon sens, doit
être divisée.

La décadence du vers latin et du discours
latin, de la dissertation latine et de la thèse latine, n'est pas tout à fait la même chose que
la disparition du latin lui-même. On peut regretter ces exercices, et je les regrette pour
ma part ; vieux classique, fort peu révolution-
náire en ce domaine, je suis avec ceux qui
estiment que le latin étant essentiel à la culture
de l'homme, ce n'est point assez de livrer son
esprit à la bienfaisante influence des poètes et
des prosateurs de l'antiquité latine, mais qu'il
faut savoir aussi manier leurs vers et leur
prose, comme un bon jardinier, pour cultiver

sa terre, joint l'œuvre de ses mains à l'action du soleil et de la rosée.

Sous prétexte que le latin est une langue morte, on croit qu'il est inutile de l'écrire. Le discours latin a perdu son antique honneur ; le vers latin est tombé au rang des amusements facultatifs, c'est-à-dire superflus ; la thèse latine, de plus en plus réduite et noyée dans l'ombre de la thèse française, dont l'importance grandit, tend manifestement à s'évanouir tout à fait. Qui donc lit une thèse latine, je ne dis pas dans le public lettré, je dis parmi les professeurs qui argumentent à son sujet, le jour de la soutenance, une seule exception faite (et encore ?) pour l'examinateur chargé du rapport [1] ? Enfin, la dissertation latine de la licence a, pendant mon décanat même, cessé d'être obligatoire pour tous les candidats, puisque ceux qui ne font pas les lettres pures sont autorisés depuis hier à la remplacer par un thème latin.

1. Il y aurait, et cette fois dans le public, une autre exception à faire pour un innocent maniaque, domicilié, dit-on, en Bretagne, dont la douce folie serait de constituer une collection particulière, vraiment unique au monde, en achetant un exemplaire de toutes les thèses latines qui paraissent ; mais cela ne veut pas dire qu'il les lise. Les collections les plus absurdes ont des amateurs. On cite un collectionneur de cornets en papiers gris ou bleu ayant servi à envelopper des pains de sucre.

Mais c'est ici que j'arrête les logiciens un
peu trop pressés d'enterrer le latin, parce que
certains exercices ont fait leur temps. Le thème
latin n'est pas moins meurtrier que la dissertation latine ; disons plus, il l'est davantage :
forcé de traduire un texte exactement, correc-
tement, le candidat imprudent qui a choisi le
thème perd la ressource des développements
accessoires, des lieux communs, des phrases
toutes faites, ainsi que des connaissances et
des idées qui compenseraient peut-être l'insuffisance de sa langue et de sa syntaxe. Je vois
encore le méphistophélique sourire avec lequel
certains de mes collègues, grands apôtres du
latin, abandonnèrent aux partisans des doc-
trines modernes la dissertation détestée, sachant bien, les scélérats ! que le thème est un
pire instrument de mort et qu'il leur faucherait
encore plus sûrement leurs hétacombes de
victimes. Si donc le latin s'en va, c'est comme
une puissance vaincue, mais restée debout et
redoutable encore, dont le recul sans précipitation est une retraite en bon ordre. Vous
croyez l'ennemi en déroute : il n'a fait que
changer ses positions, sacrifiant ce qui ne ser-
vait peut-être qu'à l'embarrasser et l'affaiblir.

Cependant, je l'avoue, en dépit du procès que

j'ai fait à la logique, toutes les analogies, toutes les probabilités nous obligent de croire à une lente éviction du latin comme à un fait inéluctable ; mais quand on ne peut empêcher le cours que prennent les choses, on est sage de le diriger et, pour ainsi dire, de canaliser le torrent. C'est une folie de s'opposer au destin, et c'en est une autre d'en presser l'accomplissement ; ce qui est digne d'un philosophe, c'est de s'en rendre maître dans la mesure du possible, en réglant et en modérant sa marche fatale. *Ducunt volentem fata, nolentem trahunt.*

Une expérience bien autrement probante que tous les arguments, celle de l'enseignement secondaire moderne, est venue rendre quelque espoir aux fidèles amis de la culture latine. La grande ambition de l'enseignement moderne était d'être non point un simple succédané de l'ancien enseignement spécial, renaissant de ses cendres sous un autre nom, mais l'équivalent, sinon le remplaçant et l'héritier de l'enseignement classique, en fondant un véritable *humanisme* nouveau, en substituant à la culture générale procurée jusqu'alors par l'étude des lettres antiques celle que l'esprit devait retirer désormais de son commerce avec

les chefs-d'œuvre des littératures européen-
nes. Expérience intéressante, à coup sûr, et
dont personne ne devait plus souhaiter la réus-
site que ceux qui ont à cœur l'avenir de l'enseignement secondaire classique ; car pourquoi, au nom du ciel, l'encombrer d'élèves
obstinés, sans utilité comme sans succès, à
faire du grec et du latin en dépit de Minerve,
s'il est possible de les cultiver autrement ?

Eh bien ! elle est faite, l'expérience, et nous
savons aujourd'hui ce que vaut un bon bachelier ordinaire de l'enseignement secondaire
moderne. Il sait des sciences, de l'anglais pratique, de l'allemand pratique, bref, tout ce que
pouvait apprendre aussi un bachelier de l'enseignement spécial ; mais, de culture littéraire
générale, la plupart n'en possèdent pas l'ombre, et le grand effort des études modernes,
pour rivaliser avec les études classiques, a fait
tout bonnement fiasco. Chose bien significa-
tive : les compositions françaises des candidats au baccalauréat moderne sont, d'après les
rapports des présidents de jurys, généralement
plus mauvaises que les pires compositions
françaises des candidats au baccalauréat
classique.

Et, dès lors, le latin nous est apparu, par la

force non des raisonnements, mais des faits,
comme quelque chose de trop fondamental
pour qu'on puisse aisément le mettre de côté
comme un objet de luxe.

Les grands modernes, qu'on croit bien suf-
fisants, étaient fort loin d'avoir cette haute
opinion d'eux-mêmes ; ils devaient beaucoup
aux anciens, et ils le savaient. Dante adore
Virgile, son « maître divin » ; Shakespeare,
par voie au moins indirecte, a plus emprunté
à l'antiquité qu'on ne pense ; Gœthe et nos
classiques français sont des néo-grecs et des
néo-latins. Si nous leur demandions leur avis,
à tous ces demi-dieux qu'invoque la révolution
antilatine, d'un commun accord ils blâmeraient
le mouvement et nous conseilleraient de remonter, par delà leurs chefs-d'œuvre, jusqu'à
la source antique où ils ont pris naissance.

Donc certains exercices latins peuvent avoir
définitivement succombé, et d'autres s'ache-
miner vers leur ruine ; mais aussi longtemps
que vivront en France l'art, la littérature, le
style et le goût, le latin lui-même ne saurait
périr ; car il est prouvé qu'il n'est pas moins
indispensable à la culture littéraire que les
mathématiques à l'éducation scientifique de
l'homme.

Si mes discours périodiques avaient pu servir à quelque chose, l'idée la plus utile que j'aurais voulu faire entrer dans l'esprit de nos étudiants, et que je leur ai répétée sans relâche, c'est que l'effort personnel est tellement la condition essentielle et unique des succès scolaires qu'on peut vraiment traiter comme une valeur presque négligeable l'organisation extérieure des études. Il y a un certain nombre de jeunes gens que leur éloignement habituel de Bordeaux ou quelque autre circonstance indépendante de leur volonté empêche de suivre nos conférences avec une assiduité régulière ; j'avais entrepris de persuader à cette classe très intéressante de candidats que leur situation pouvait être non seulement aussi bonne, mais meilleure que celle de leurs camarades.

La préparation aux épreuves écrites de la licence en particulier et de tout examen en général étant pour un candidat la grosse affaire, considérez d'abord que ce genre d'exercice se poursuit surtout dans le silence et le recueillement de l'étude solitaire et personnelle. Considérez ensuite que la correction des travaux écrits peut très bien se faire à distance. Loin de moi la pensée de déprécier les inestimables avantages que retirent de nos conférences les étudiants privilégiés qui peuvent y assister et en profiter ! Quel prix incomparable a, j'en conviens et je le dis bien haut, la parole vivante pour ani-

mer les idées, pour les communiquer aux esprits, pour
les y imprimer profondément! mais voyez nos affiches :
à les en croire, la plupart de nos conférences n'ont pour
objet que la partie orale des examens; c'est donc une
illusion d'optique, un trompe-l'œil qui vous fait regarder
les exercices oraux comme l'instrument par excellence
de votre travail préparatoire. Non, Messieurs : l'indispensable outil, ce sera toujours votre activité volontaire
et libre s'exerçant dans votre for intérieur.

Voilà pourquoi je ne saurais m'associer aux plaintes
amères de quelques étudiants éloignés de Bordeaux, qui,
n'usant de nos conseils que par correspondance, croient
leur situation presque désespérée. Comme toute chose
humaine a son bon et son mauvais côté, j'aime à leur
montrer, au contraire, pour relever leur courage, le bon
côté de leur position. S'appartenant davantage à eux-
mêmes, moins entraînés dans le mouvement tumultueux
et stérile d'une activité trop extérieure, ils ont plus de
temps pour lire et pour penser. S'ils ne jouissent pas du
grand bienfait de nos conférences, ils ne souffrent pas non
plus de l'inconvénient qui résulte de leur encombrement
ou de leur excès. « Comme les plantes s'étouffent de trop
d'humeur et les lampes de trop d'huile, a dit le plus
sage des Français, ainsi fait l'action de l'esprit par trop
d'étude et de matière. » C'est vraiment un critérium bien
naïf que celui qui mesure le travail réel d'une Faculté
à la quantité des conférences, l'activité utile d'une
ruche et la qualité de son miel à l'intensité du bourdon-
nement!

Si, pour la formation des esprits comme des caractères,
l'indépendance est chose précieuse, si la méditation solitaire est féconde, si le temps, le loisir et la liberté sont
des biens, la jeunesse peut souffrir de l'excès même du
soin avec lequel nous l'instruisons et la dirigeons; l'originalité, l'intelligence et le talent peuvent, en vérité,

perdre beaucoup et n'ont rien à gagner à une trop forte
organisation des études.

Dès la première année de mon décanat, je
fis une libre enquête auprès des étudiants, à
dessein de savoir s'ils étaient satisfaits de
l'organisation des conférences et des cours,
telle que l'annonçait l'affiche, étalage éblouissant d'activité scolaire : leur franche réponse
fut qu'il y en avait *trop* et que le tourbillonnant
pêle-mêle de leçons qui se suivent, se pressent,
s'entre-croisent, se contrarient, ne leur laissait
pas assez de temps pour l'étude.

Je le crois, parbleu, bien ! Songez qu'à la
Faculté des lettres de Bordeaux on compte plus
de vingt professeurs ; que ceux d'histoire notamment, de géographie et de sciences auxi-
liaires de l'histoire sont si nombreux qu'il peut
y en avoir *plus qu'il n'y a d'étudiants* dans les
années où les candidats aux diplômes historiques sont rares ; que chaque maître doit faire
trois leçons par semaine ; enfin, que les jeunes gens sont plus ou moins tenus d'assister à
toutes celles qui concernent leurs études communes ou spéciales. Et c'est pourquoi un de
mes braves collègues, qui est mort à la peine,
eut le courage de faire toute sa vie un cours
public, sans plaisir comme sans succès, uni-

quement par bonté pour ses élèves, la présence des étudiants n'étant pas obligatoire à des cours où l'appel nominal est impossible.

Si l'Etat exige de nous, comme un minimum, trois heures par semaine de dépense extérieure, il est absurde que nous ne puissions pas faire cette dépense en deux fois une heure et demie [1]. L'ancienne concentration des forces du professeur sur un point, deux au plus par semaine, était certainement plus avantageuse pour lui que leur éparpillement en des sens trop divers, et au point de vue du travail utile des étudiants, comme pour la bonne organisation des études elles-mêmes, le remplacement de la grande et de la petite leçon traditionnelles par plusieurs conférences a ce double inconvénient qui saute aux yeux : l'excès et l'encombrement.

Les Facultés sont devenues et elles doivent rester des écoles normales; le temps n'est plus, et personne ne peut le regretter sérieusement, où, dans les seize centres de la haute culture, l'Etat pensionnait soit des conférenciers pour l'amusement d'une foule tumultueuse, soit

1. La leçon publique exceptée. Cinquante-cinq minutes d'attention, c'est tout ce qu'on peut raisonnablement attendre d'un auditoire public, sans compter que le travail représenté par une *grande* leçon d'une petite heure est sans proportion avec celui qui suffit pour une conférence fermée d'une heure et demie.

des solitaires, des bénédictins laïques, se consacrant, loin d'un vain tapage, dans la profonde paix d'une complète sinécure pédagogique, à la production scientifique ou littéraire. Et pourtant il y avait dans la contemplation désintéressée et les libres études d'autrefois une certaine poésie, pendant qu'il y a, au contraire, je ne sais quoi de brutal dans l'âpre poursuite du succès et de la place, qui n'est qu'un épisode, meurtrier entre tous, de la grande lutte pour l'existence.

Concilier le culte pur des lettres avec cette fièvre de réussir et de parvenir, voilà le problème à résoudre. On peut y arriver jusqu'à un certain point, et tous les cours, Dieu merci, ne sont pas des exercices préparatoires à l'agrégation ou à la licence. Il devrait y avoir dans la journée d'un étudiant, pour qu'elle fût remplie comme il faut, des heures de bibliothèque, des conférences pratiques et quelqu'un de ces grands cours que je ne craindrai pas d'appeler cours de luxe, si l'on veut bien considérer que l'art tout entier et une partie de la science sont du luxe, mais que la noblesse d'un esprit se mesure d'après la part qu'il fait à ce luxe dans sa pensée et dans sa vie.

D'ailleurs ne vous figurez pas qu'il soit facile de réaliser l'organisation idéale d'une journée scolaire. Toutes sortes de difficultés se rencontrent dans la pratique. Vous continuerez donc, il faut vous y attendre, à voir se succéder certains exercices, avec un intervalle trop court pour que vous puissiez vous mettre à la lecture, trop long pour qu'il n'y ait pas un temps utile perdu, et certains jours peut-être vous n'aurez que vos soirées pour être à vous-mêmes et vous recueillir. Tant mieux pour vous si tout ne va pas à votre gré! tant mieux si vous avez de la peine! tant mieux s'il faut lutter! tant mieux enfin si l'insuffisance même du concours que nous vous apportons vous fait sentir impérieusement la nécessité de ne compter que sur vous seuls pour réussir! C'est en triomphant des obstacles que les vraies vocations se décident. Ce ne sont jamais les oisifs qui font les grands ouvrages, ce sont les hommes qui n'ont pas le temps.

Dans les discours prononcés en certaines circonstances, il faut soigneusement distinguer les idées personnelles à l'orateur des idées de commande ou de situation. Les premières seules sont intéressantes ; les autres nous assomment, et comme elles constituent presque toujours l'unique fonds de l'éloquence officielle, on s'explique pourquoi les harangues des personnes publiques sont généralement si ennuyeuses, pour celui qui verse la pluie comme pour tous ceux qui la subissent.

Lorsque, dans nos assemblées d'étudiants et de professeurs, je proclamais hautement que les Facultés sont des écoles normales ouvertes ; quand j'ajoutais que, par définition, ces écoles ont des élèves qui doivent recevoir une instruction professionnelle, et des maîtres se consacrant avant tout à leur fonction pédagogique, j'exprimais une vérité, à coup sûr, et même une de celles qu'il ne m'était pas permis de laisser inexprimées ; car si évidente qu'elle soit devenue pour nous, les hommes de ma génération l'ignorèrent d'abord ou la méconnurent. Mais, je l'avoue à ma confusion, cette vérité précieuse, que d'autres ont à cœur, m'a toujours laissé froid. Je ne me ferais pas tuer pour elle. Voulez-vous, d'un coup d'œil, sonder la différence d'humeur, de caractère et d'esprit qui, sur ce point surtout, me séparait de mon éminent prédécesseur, malgré la similitude des déclarations obligatoires de principes ? Qu'on se rappelle de quel ton tranquille il avait dit que si la transformation de plus en plus complète de nos Facultés en écoles devait mettre un terme à tout autre emploi de l'activité du corps enseignant, cette évolution inévitable « pourrait éveiller quelques regrets ». M'emparant, pour en changer la note, de ce langage trop calme, je m'écriais, à mon tour :

Il ne faut pas hésiter à dire que cela serait déplorable, et que, le jour où les professeurs de l'enseignement supérieur, comptant le nombre des licenciés et des agrégés reçus dans l'année, borneraient à ce résultat tout leur travail utile et tous leurs motifs de satisfaction, l'enseignement supérieur aurait cessé d'exister en France.

Nous ne devons pas consentir à n'être que des préparateurs aux examens. Toute définition de l'enseignement supérieur laissant en dehors d'elle, d'une part, l'enseignement par la parole publique, à l'adresse d'un auditoire plus nombreux qu'un cercle fermé d'étudiants ; d'autre part, l'enseignement par le livre, plus étendu encore et surtout plus durable, est absolument insuffisante.

Voilà la pensée qui m'est personnelle et chère ; voilà la seule cause vraiment aimée d'amour que j'aie épousée en tant que doyen. Je crains bien que tout le reste n'ait été, de ma part, que littérature officielle, développements de commande et de situation.

Or, si par hasard quelqu'un était curieux de remonter à l'origine de l'espèce d'hérésie professionnelle qui me fait passionnément préférer l'activité littéraire à l'activité pédagogique, il faut que je confesse encore une fois [1] que je ne suis point né professeur. Les circonstances m'ont acheminé vers cette carrière plutôt qu'une vocation irrésistible ne m'y a entraîné. Ce n'est pas, Dieu merci, que ma conscience ait jamais eu à me faire le reproche de m'être malhonnêtement acquitté de mes obligations ; mais si j'eus quelquefois du zèle, ce n'était pas proprement celui de ma charge. J'ai pu, par dévouement aux personnes, rendre quelques services individuels ; j'ai le regret de n'avoir jamais servi avec l'ardeur sacrée du métier la cause *générale* de l'instruction publique. Je m'intéressais très vivement à certains étudiants ; mais l'organisation des

1. Voyez mon ouvrage *Des Réputations littéraires*, t. II, p. 413.

études, les questions relatives à l'enseignement secondaire et supérieur, les projets de
réformes et les réformes, les intérêts collectifs,
les Universités, bien que de toutes ces matières je m'occupe avec une apparente curiosité
et fasse semblant de m'y intéresser beaucoup
par convenance, ce n'est point cela qui charme
pour moi l'ennui de vivre.

Mon unique souci, mon unique plaisir, c'est
de *donner une forme écrite à mes rêveries.*
En conséquence, tout ce qui favorise la construction des monuments de la plume, tout ce
qui sert la cause de la pensée et du style,
voilà ce que j'aime et chéris dans le métier
que je fais, tandis que je nourris une secrète
et profonde haine pour tout ce qui vient y
contrarier l'art d'écrire et l'exercice tranquille
de la réflexion. Vraiment, je n'eus jamais que
cette idée, que cette passion, ou si l'on veut,
que cette marotte. C'est le centre où aboutissent et d'où partent tous mes autres dadas :
mes plaidoyers pour les vacances longues et
multipliées ; mes apologies du patient labeur
enseveli dans la solitude et le silence ; mes
procès aux hommes agités, toujours hors de
leur laboratoire ou de leur cabinet d'études,
qui ne se figurent l'activité humaine que sous

la forme de groupements sociaux et de comités de travail réunis en continuelles séances.

Laissons le bon public, sans nous émouvoir, compter et mesurer, dans son arithmétique naïve, notre quantité de travail au nombre d'heures où nous occupons les chaires et où vous vous pressez autour d'elles. C'est parce que je sais à quels moments, dans quels endroits, notre vrai travail se fait, que je suis le gardien jaloux des vacances sacrées, de cet inestimable réservoir de temps périodiquement ouvert aux maîtres et aux élèves studieux, pour réparer celui qu'ils ont perdu dans le tourbillon extérieur de l'activité professionnelle.

Oh! qu'elles soient donc les bienvenues, toutes les occasions qui nous rendent à nous-mêmes! Par ce temps d'associations, de comités, de commissions, de congrès, de concours régionaux et internationaux, et de grandes foires universelles, je ne puis assez dire combien j'apprécie l'autre espèce de travail, la bonne, l'ancienne, qui fuit les assemblées, le mouvement et le bruit, pour chercher l'ombre et le silence où mûrissent lentement les fruits exquis des studieuses retraites. Oh! si nous pouvions nous agiter moins et agir davantage, parader moins, bavarder moins, et non pas certes écrire plus, mais écrire mieux! Si je fondais aujourd'hui une Société, elle s'appellerait l'*Anti-Sociétés* — au pluriel — et j'y prêcherais l'abolition, non point de la société, comme un simple anarchiste, mais *des Sociétés*, de tous ces multiples groupements de forces abstraites qui se substituent de plus en plus à l'individu, persécutent notre liberté, gaspillent notre temps, gênent, contraignent et annulent notre originalité personnelle; de même que si je fondais (mais il n'y a pas de danger) une nouvelle feuille périodique, ce serait pour y prêcher une croisade contre les journaux et les revues, cette horrible inon-

dation de papier imprimé qui nous submerge et nous
étouffe, ne nous laisse plus libres de respirer, de penser,
d'être à nous, et nous ôte le loisir de lire les vrais livres !

Quand j'interroge ma conscience et que, d'un
cœur franc et honnête, je cherche l'article de
ma foi de professeur et de doyen, qui eût pu
m'enthousiasmer jusqu'au sacrifice, en toute
sincérité, je ne trouve absolument qu'une seule
chose pour la gloire et pour le salut de laquelle
je me serais peut-être fait massacrer sur les
marches du perron de la Faculté des lettres :
j'aurais défendu contre le ministère, jusqu'à
mon dernier souffle, le principe sacré de l'inté-
grité de nos grandes vacances, si le ministère
avait eu l'audace de porter sur cette propriété
inviolable une main sacrilège, comme le bruit
en a couru plusieurs fois.

Non seulement nos trois mois de vacances,
scandale d'une multitude badaude de railleurs
et d'envieux qui ne savent ce qu'ils disent, loin
d'être un privilège exorbitant, sont la condition même de notre activité sous sa forme la
plus brillante et la plus haute, la saison précieuse et unique de notre propre culture, le
ressort, le salut et la vie de l'enseignement
supérieur ; mais il est utile, juste, raisonnable,
légitime et nécessaire que nous ayons des va-

cances à Noël, au jour de l'an, aux jours gras, à la mi-carême, à Pâques, à l'Ascension, à la Pentecôte, à chaque fête chrétienne, nationale ou locale, et toutes celles que nous pouvons attraper pour un motif ou pour un autre, au courant de l'année scolaire, sont de bonne prise. J'accorde à mes contradicteurs que les interruptions de ce genre ne valent rien pour les enfants ; mais la question est fort différente lorsqu'il s'agit d'adultes ou du moins de grands adolescents, d'hommes faits ou presque faits, ayant ou devant avoir leur raison et leur liberté.

Au lieu d'une tentation diabolique de dissipation ou de paresse, les esprits méditatifs et sérieux ne voient dans l'inestimable bien des congés fréquents qu'une occasion divinement offerte de reprendre des forces et de se recueillir. Le bon étudiant achève avec plus de calme l'entreprise de quelque vaste lecture ou d'un travail écrit. Le professeur écrivain recommence pour la vingtième fois la page où il essaye de rendre, avec la plus grande économie possible de mots et la plus parfaite clarté d'expression, les pensées les plus riches de sens qu'il soit capable de concevoir. Il s'attache à sauver le bel art de la forme, qui

7

succombe de toutes parts sous l'horrible marée montante de la production hâtive.

Heureux mortel ! comme il s'amuse ! Personne ne lui saura gré de ses efforts, et son livre restera pour compte au libraire ; mais, puisque tout ici-bas est illusion et vanité, pouvait-il choisir un meilleur joujou ? La vanité d'écrire est la moins coûteuse des vanités ; l'illusion sans cesse renaissante de l'écrivain est, de toutes les illusions, la plus vivace, la plus charmante et la plus douce.

Telles sont mes idées personnelles, qu'il ne faut point confondre avec celles du doyen parlant *ex cathedra*. Le doyen et moi, nous avons toujours été deux, « d'une séparation bien claire », comme le maire et Montaigne.

Je vous avoue qu'il n'est pas beau, le portrait que je trace, non certes de la paresse, mais de l'égoïsme à forme littéraire, le plus inutile à la société, le plus cyniquement épicurien : mais quand ai-je prétendu vous l'offrir en modèle ? Une confession n'est pas toujours une apologie déguisée.

Je travaillais à mes pauvres ouvrages, j'écrivais (c'est ma chère folie) ; mes bons étudiants travaillaient aussi et réussissaient ; les mauvais, averti une fois pour toutes de l'échec qu'ils se préparaient eux-mêmes, confirmaient par leur triste exemple l'éternelle morale d'une histoire connue, et cependant les affaires de la Faculté marchaient très bien, étant administrées par le secrétaire.

Honneur au doyen qui gouverne ! Je le respecte, l'admire et voudrais l'imiter ; mais ce n'est pas celui que j'aime. Le doyen selon mon cœur, mon cœur perverti, n'est pas le magister armé des règlements et de la discipline ; c'est le bon moine rêveur et distrait qui ne fait peser son autorité sur personne et qui s'amuse d'abord à son propre poème, laissant les autres religieux poursuivre en liberté leurs travaux et leurs songes, dont l'appariteur vient le moins possible troubler la paix avec des circulaires et des convocations.

CHAPITRE QUATRIÈME

VISITES D'INSPECTEURS

Une besogne du doyen assez ennuyeuse, qu'il pourrait d'ailleurs passer au secrétaire, comme toute autre écriture administrative, s'il renonce à l'égayer d'aucune idée à lui et de la moindre touche personnelle, c'est la rédaction des rapports de fin d'année, pour la session de décembre du conseil académique. J'aurais à prendre mes matériaux dans ce fatras officiel, si j'écrivais l'histoire de mon décanat; mais cette histoire, dans sa suite régulière, n'est ni mémorable ni amusante; rien n'y est arrivé d'un peu intéressant que ses scandales, qui sont au nombre de quatre ou cinq petits, et d'un gros.

Le premier de ces scandales, par ordre chronologique, est le salut que j'adressai, en décembre 1896, à nos très éminents et très sympathiques collègues, MM. les professeurs de l'Université de Paris, membres du comité consultatif de l'instruction publique, qui, depuis la suppression des inspecteurs généraux de l'enseignement supérieur, retranchés du budget comme un luxe inutile, venaient annuellement nous faire visite, avec une délégation de l'Etat, en qualité... d'inspecteurs de l'enseignement supérieur ! Plaisanterie peut-être un peu forte. Je veux bien qu'on se moque de nous, mais seulement jusqu'à un certain point. Si les inspecteurs titulaires rendaient des services, que diable ne les a-t-on conservés ?

Je n'ai jamais aimé les inspecteurs, ni les vrais, ni les faux. Bien que je compte, parmi les premiers, un de mes excellents amis personnels, et que je le voie avec beaucoup de plaisir en dehors de sa fonction, leurs visites officielles m'ont toujours duré, et je trouvais pesantes l'indiscrétion et l'importunité de ces encombrants oiseaux de passage.

Ne servir absolument à rien, c'était le moindre de leurs inconvénients. Leur inspection, toujours attendue, prévue et connue à jour fixe, ne pouvait les renseigner que fort mal sur les maîtres dont ils prétendaient juger la valeur professionnelle. Les conférences, exception

nellement soignées, qu'ils honoraient de leur
présence, avaient juste autant de sincérité que
l'assiette de soupe préparée pour l'impératrice
Eugénie, lorsqu'elle visitait les hôpitaux, et
que, sur cette belle preuve, elle louait hautement devant les malades l'excellence de leur
ordinaire. Tombaient-ils, par malheur, sur la
conférence manquée d'un jeune maître, mal
disposé ce jour-là et encore instable dans sa
place, l'accident pouvait avoir pour sa carrière
des suites aussi injustes que fâcheuses. Quant
à l'organisation de nos services, ces messieurs
avaient en général le bon goût de ne pas s'en
mêler, — inutiles quand ils ne faisaient rien,
plutôt à craindre quand ils agissaient, rarement
bons à quelque chose. Si on leur prouvait,
clair comme le jour, que la division en trois
leçons des trois heures d'activité extérieure et
visible que les professeurs doivent à l'Etat, est
mauvaise, qu'il en résulte un inextricable
encombrement de conférences, et qu'il serait
à la fois libéral et sage de laisser chaque maître distribuer ses trois heures d'enseignement,
sous le contrôle de ses collègues et du doyen,
de la façon qui lui paraîtrait la meilleure,
l'inspecteur répondait : Professeur, vous avez
raison ! Mais je n'ai pas le pouvoir d'autoriser

la chose. Adressez, par la voie hiérarchique, un rapport au doyen, qui le transmettra au recteur, qui le transmettra au ministre... On faisait le rapport; il partait, et nous n'en avions plus de nouvelles.

Je ne sais pas combien les inspecteurs généraux touchaient au budget de l'Etat pour leurs petits voyages à travers la France. Une forte somme, probablement, à laquelle s'ajoutaient, largement comptés, les frais de chemin de fer, d'omnibus et d'hôtel. On s'est aperçu qu'elle était disproportionnée avec la réalité des services rendus, et c'est sans doute pour cette raison qu'on a supprimé la charge. Mais enfin les inspecteurs généraux étaient de vrais inspecteurs ; ils remplissaient tant bien que mal leur mission douteuse, jusqu'au jour où, devenus trop vieux et trop las pour rédiger eux-mêmes leur rapport, ils le faisaient écrire tout entier (j'ai été témoin de cette comédie) par un de leurs justiciables, choisi parmi les vétérans.

Bombarder dans la délégation d'inspecteur de ses collègues de la province un professeur de la Sorbonne, membre, tant qu'on voudra, du comité consultatif, parce qu'il a sur eux l'avantage illustre d'être « de la capitale » : comment s'est-il rencontré un ministre assez ignorant du cœur humain pour concevoir une idée si folle, et des Parisiens d'une vanité assez outrecuidante pour ne pas voir ou pour braver les suites que leur réservait cette aventure ?

A la Faculté de droit de Bordeaux, un de ces pseudo-inspecteurs reçut une leçon. Bien qu'il fût l'ami personnel de plusieurs professeurs, pas une invitation ne lui fut faite, et on ne lui cacha point la raison de ce froid accueil, qui ne s'adressait ni à l'homme, ni au collègue, mais uniquement au délégué du ministère.

C'était bien fait. Nous fîmes mieux à la Faculté des lettres, en notre qualité d'humanistes.

Individuellement, nous fûmes pleins de déférence pour M. Croiset, l'invitant à dîner, lui montrant avec empressement les monuments de la ville, et même la Faculté des lettres. Et comment n'aurions-nous pas témoigné beaucoup de respectueuse sympathie à un homme de talent et de cœur, non seulement si distingué par son mérite exceptionnel de savant et d'écrivain, mais si rempli de toutes les vertus aimables qui commandent l'estime et gagnent l'affection ?

Mais, à l'endroit de sa mission ministérielle, nous avions un autre sentiment secret, que

j'osai manifester publiquement et officiellement, en ces termes, dans les premières lignes
de mon rapport de fin d'année au conseil académique :

Monsieur le Recteur, Messieurs,

MM. les professeurs de Paris aiment les voyages. Il y
a trois ans, nous avions eu la visite de M. Boissier,
l'année suivante celle de M. Lavisse. Mais M. Boissier
venait apparemment pour nous donner de paternels
conseils, tous nos jeunes maîtres ayant été ses élèves,
et M. Lavisse avait besoin de s'entretenir, avec le groupe
des historiens, des réformes introduites dans l'agrégation d'histoire. L'agrément particulier et nouveau de la
visite que M. Alfred Croiset nous a faite cette année, c'est
que c'était une démarche de pure et simple confraternité,
évidemment exempte de tous les caractères plus ou
moins désobligeants que l'idée d'une inspection peut
offrir. En effet l'éminent et très sympathique professeur
est venu nous voir entre deux leçons, si pressé par le
temps, si peu délégué, semble-t-il, dans la fonction
d'inspecteur, que nous n'avons pas eu le plaisir de le
garder une semaine entière, et qu'il a dû partir trop tôt,
à notre gré, sans avoir même assisté aux conférences de
langue et de littérature grecques, seul enseignement
qu'il pût juger et goûter avec une compétence officielle.
Nous sommes extrêmement sensibles à l'intérêt que
nous portent nos collègues de la Sorbonne ; cependant,
nous croyons devoir les prier de ne plus se déranger
pour nous et de rester chez eux, vaquant, ainsi que
nous, à leurs fonctions ordinaires, tant que nous ne
serons pas invités à leur rendre les visites aimables dont
ils nous honorent.

Je reçus l'algarade que mon « persiflage impertinent » méritait ; mais la réprimande officielle de mon honorable collègue de la Sorbonne, le professeur R..., ci-devant directeur de la *Revue bleue*, alors ministre de l'instruction publique dans le cabinet de l'*Éteignoir* qu'allaient illustrer Billot et Méline, ne troubla pas profondément la sérénité d'âme dont ne doivent jamais se départir les joyeux Pantagruélistes nourris à l'école de mon maître Rabelais.

Que m'importait d'ailleurs le *shampooing* ministériel ? J'avais eu la victoire, résultat essentiel et suffisant de toute prise d'armes. Depuis les paroles de bienvenue que je leur adressai en 1896, c'est-à-dire depuis sept ans, pas un de nos chers amis de Paris n'a osé se présenter en qualité d'inspecteur à la Faculté des lettres de Bordeaux.

La division du travail étant une loi de l'évolution, la complication croissante des examens est une nécessité plus fatale encore que le mouvement sans retour par lequel le latin se retire des études ; comme pour la défaite du latin, il serait possible et sage de diriger, en le réglant et en le modérant, le progrès de cette complication nécessaire, au lieu de le suivre sans résistance et de se laisser emporter par le flot.

Mais le spectacle que nous offrent les examens, depuis une douzaine d'années, est celui d'une confusion de plus en plus grande, née trop souvent de la seule manie de compliquer tout en réformant tout, et bien faite pour remplir de dégoût et d'ennui les amis de l'antique simplicité. En 1892, à la session de juillet, nous avions eu *neuf* baccalauréats divers fonction-

nant à la fois ; l'année suivante nous en eûmes
treize.

Même ou pire dédale dans les épreuves de
la licence. Une forme toute nouvelle de ces
examens fut inaugurée à la session de juillet
1896. Dans mon rapport de fin d'année, je ne
lui ménageai point les critiques :

> Nos ingénieux conseils de l'instruction publique con-
> tinuent à réformer tous les examens, et ce n'est pas
> précisément pour les simplifier. La nouvelle licence a été
> inaugurée à la session de juillet. C'est une machine
> compliquée. *Quinze* professeurs ont été mobilisés et
> occupés plus ou moins par *vingt-huit* candidats : ce qui
> fait, pour *deux* têtes d'examinés, *un* examinateur *moins
> une petite fraction.* La faculté accordée aux candidats de
> choisir entre *trois* sujets pour certaines compositions
> porte au chiffre de *quarante-huit* le nombre des ques-
> tions posées en juillet ou des textes dictés pour les
> épreuves écrites. A ce compte-là et à ce train-là, la
> série des matières raisonnables sera vite épuisée ; il
> faudra des esprits singulièrement inventifs pour imaginer
> toujours quelque chose de neuf qui soit bon.

La complication des examens n'a nullement
pour but, comme le public pourrait le croire à
tort, de les rendre plus difficiles aux candidats ;
on s'ingénie, au contraire, de toutes les façons
pour leur faciliter les choses. Le *bénéfice de
l'admissibilité*, c'est-à-dire la permission de ne
pas recommencer les épreuves écrites pendant

un certain temps, quand la partie orale a seule
été insuffisante, fut évidemment inventé pour
favoriser la multiplication à l'infini des bacheliers et des licenciés.

Le besoin s'en faisait-il sentir? S'il faut, dans notre
organisation sociale, que tous les honnêtes gens soient
bacheliers, était-il bien nécessaire d'étendre à la licence
cette égalité démocratique? Y a-t-il donc dans l'enseignement tant de places vacantes pour les jeunes gens
munis de leur diplôme, qui frappent à la porte du
ministère? On n'a pas réfléchi qu'un candidat ajourné
aux épreuves orales de la licence n'est presque jamais
(et je ne sais pas pourquoi je dis *presque*) victime d'un
accident de mémoire ou d'une défaillance momentanée;
c'est toujours un candidat médiocre, strictement admis-
sible pour ses compositions, et très souvent par l'indulgence trop grande des examinateurs qui lui font cadeau
de deux ou trois points pour l'élever au niveau du
minimum.

Au baccalauréat, les séries d'*admissibles
de droit* sont l'horreur des examinateurs. On
constate, au bout de plusieurs mois et même
au bout d'un an, le plus désespérant *statu quo*
dans le savoir de presque tous ces jeunes
cancres, qu'une chance heureuse ou un excès
d'indulgence a fait réussir aux épreuves écrites. Cependant, au cours que suivent les
choses, cet abus, que l'expérience condamne,
ne risque point d'être aboli, et ce que je

m'attends, au contraire, à voir triompher un de ces jours, c'est l'idée mirifique d'un père de famille qui, si je l'avais adoptée et fait prévaloir dans les conseils de l'instruction publique, aurait été, suivant sa prédiction, « la gloire de mon décanat» : le bénéfice de l'admissibilité deviendrait *partiel*; c'est-à-dire qu'un candidat ayant fait en histoire une bonne réponse, mais continuant d'ânonner en grec ou réciproquement, ne serait plus interrogé, soit sur l'histoire, soit sur le grec. De cette façon, *six* épreuves constituant l'examen oral, on pourrait raisonnablement espérer qu'au bout de six ans... ou de douze, tous les admissibles de droit seraient enfin reçus ; et c'est ce que promet aux parents, dans la comédie de *Bébé*, l'ineffable Pétillon, répétiteur : « Madame, je le dis avec orgueil, j'ai fini par faire recevoir de véritables crétins. »

Non, la jeunesse n'a pas à se plaindre des réformes ; car toutes les innovations en général conspirent à lui rendre le succès facile ; telles sont encore, au baccalauréat, l'institution, d'ailleurs excellente, du livret scolaire ; au baccalauréat et à la licence, la dictée de trois sujets entre lesquels les candidats peuvent choisir ; enfin, à la licence, une nouveauté très curieuse, mais singulièrement critiquable, car elle est fondée sur la plus étrange méconnaissance du vrai caractère de cet examen et du genre d'instruction qu'il convient de demander à un jeune homme de dix-neuf ans.

Quelle est-elle, cette invention saugrenue ? Désormais certaines compositions peuvent être remplacées par des *travaux facultatifs* ou *mémoires*, remis avant l'examen, sur des sujets agréés par les professeurs. Ces travaux sont faits dans les conditions les plus avantageuses. Le candidat a tout loisir, toute facilité. Il peut disposer, sans limite de temps, des ressources les plus abondantes et des plus utiles secours. Il peut mettre à contribution des bibliothèques, prendre conseil des personnes instruites de sa connaissance, et même se faire aider non seulement de leurs lumières, mais de leur collaboration.

Il serait fort étonnant que des écrits composés dans des circonstances si favorables n'eussent pas de bonnes notes. Aussi en ont-ils presque toujours.

On interroge le candidat sur son mémoire, et il le faut bien ; sans cela, comment s'assurer qu'il est de lui ? Mais c'est un abus manifeste d'attribuer à l'épreuve orale une note distincte ; le bon sens voudrait qu'il n'y en eût qu'une pour les deux parties de l'examen. Car, si le candidat est vraiment l'auteur du mémoire, il est probable qu'il possède son sujet, et il n'y a pas lieu de lui savoir un nouveau gré de ses bonnes réponses ; s'il n'en est pas l'auteur, il ne faut pas lui laisser une note provisoire qu'il n'a obtenue que par surprise. La seconde note venant s'ajouter à la première, au lieu de se fondre avec elle, il en résulte un chiffre exagéré de points, véritable prime offerte à la composition des travaux facultatifs.

Il est devenu, en effet, tellement avantageux de les préférer aux dissertations traditionnelles, que l'on conçoit à peine qu'il reste encore quelques candidats pour suivre les anciens errements ; mais c'est eux qu'il serait juste d'encourager, car seuls ils persévèrent dans le véritable esprit de l'examen.

La licence n'est point un doctorat au petit pied, exigeant une érudition complète et restreinte sur une question qu'on a choisie ; c'est plutôt un baccalauréat supérieu· qui demande des connaissances moins approfondies qu'étendues et moins particulières que générales.

On commet, soit par pédantisme, soit par cet entraînement irréfléchi qui nous fait répéter

sans examen les sottises courantes, une des
plus grosses erreurs qu'il y ait en pédagogie,
lorsqu'on dit à des jeunes gens dont l'instruction scolaire n'est pas terminée : Laissez de
côté tous les ouvrages de seconde main ; ne
lisez que les textes ; remontez aux sources !
Le conseil est bon pour des esprits mûrs, plus
que mûrs, las du rabâchage des commenta-
teurs et rassasiés de livres ; il est absurde
avant l'âge de l'expérience consommée et
dégoûtée.

Car ce n'est certes pas en lisant Thucydide
dans les éditions savantes que des adolescents
pourront acquérir cette ouverture et cette
finesse d'esprit, cette variété de connaissances et d'idées, cette politesse du savoir qui fait
l'*honnête homme* et sans laquelle la plus
grande érudition du monde n'est qu'une rouille
pédantesque.

Les étudiants de licence doivent faire des
lectures nombreuses et variées, fréquenter
beaucoup les historiens et les critiques de la
littérature, et il n'y a aucune raison pour leur
inculquer déjà le culte exclusif des sources et
la défiance des ouvrages de seconde main. Au
point de vue de la culture générale, je n'hésite
pas à dire que ces ouvrages, que *nos ouvra-*

ges, si dédaignés des érudits, sont plus utiles et plus profitables à un certain âge que les grands textes. N'ai-je pas vu des professeurs pousser la férocité scientifique et la déraison pédagogique jusqu'à cet excès, de déconseiller aux étudiants, comme un amusement frivole, la lecture des articles littéraires contenus dans les grandes revues de vulgarisation ?

Mais si les étudiants de licence doivent connaître les jugements des critiques et des historiens sur les auteurs originaux, je ne veux pas qu'ils me condamnent à en lire, sous le titre de *mémoires*, des compilations aussi inutiles qu'ennuyeuses. A leur âge, ils n'ont pas autre chose à faire que de vastes lectures et des recueils de notes. Les travaux d'érudition qu'on leur recommande depuis quelques années, comme à de petits docteurs en herbe, sont prématurés. Ce qui convient à des adolescents, ce qui est dans le sens normal de leurs études, et dans le véritable intérêt de leur instruction, c'est de faire des rédactions de cours, des extraits et des analyses de livres ; mais la seule idée de cet amas de stérile copie est pour nous faire vomir de dégoût et reculer d'effroi.

La réforme de la licence, dans son article

original et principal, aboutit donc à cette alternative : ou le fruit vert d'une spécialisation
trop tôt commencée, ou la pluie assommante
des compilations sans valeur et sans fin. La
bonne vieille dissertation littéraire, qui ne fait
pas tant ses embarras, est bien mieux dans la
raison et la nature des choses.

La loi de division et de complication qui est,
paraît-il, celle du progrès et qui oblige les
examens à devenir un mécanisme de plus en
plus laborieux et enchevêtré, facilite donc le
succès des candidats et allège leur tâche ; mais
c'est en augmentant celle des professeurs.

Nous ne nous en plaignons pas, si notre métier est
d'abord de faire des licenciés et des agrégés. On parle vaguement d'étendre aux diverses agrégations la part directe que les professeurs d'histoire prennent désormais
à la collation du diplôme. Trois fois, durant la dernière
année scolaire, et pendant plusieurs jours consécutifs,
nos six collègues, les historiens, ont dû interrompre leur
enseignement pour faire passer les examens du nouveau
diplôme d'études supérieures d'histoire et de géographie.
Si la philosophie, les lettres, la grammaire et les langues
vivantes sont invitées à faire quelque chose d'analogue,
les Facultés seront en continuelles sessions d'examens.
Avec notre enseignement, nos travaux personnels s'arrangeront comme ils pourront de cet état de choses, et
nous en serons simplement réduits à demander de temps
en temps un congé de santé, suivant l'excellent exemple

d'un de nos jeunes et vaillants collègues, afin d'écrire les livres qui seuls font notre valeur et notre existence aux yeux de l'opinion publique.

C'est ainsi qu'en décembre 1896, je m'exprimais devant le Conseil académique.

On ne s'ennuyait pas toujours dans les séances de ce Conseil. L'inspecteur d'Académie du département de Lot-et-Garonne était un homme de beaucoup d'esprit dont j'écoutais les rapports avec le plus vif plaisir. Il avait entrepris une campagne terrible contre le baccalauréat, qu'il accusait de «crimes», de « scandales » et d' « iniquités », et naturellement, de ce monstre abominable, j'étais, moi, doyen, le complice. Mais il me semble que notre fougueux adversaire nous a plutôt traités avec indulgence et ménagements. Si j'étais chef d'institution, père de famille ou inspecteur d'Académie, j'en dirais bien d'autres sur le baccalauréat. A chaque fausse manœuvre de la lourde machine, j'élèverais de telles réclamations que le doyen assourdi ne pourrait plus dormir.

Il n'y a pas une de nos opérations qui ne puisse être attaquée pour vice de forme. La règle veut d'abord que les examens se passent *en jury* : or chaque examinateur fonctionne à part, sans se concerter avec ses collègues. Et je ne nie point que cette irrégularité ne soit rendue nécessaire, premièrement par ce fait, que le temps est court et que les examens sont longs ; secondement par cette raison, qu'il est convenable de commencer les vacances avant l'époque où elles finissent ; mais jamais les règlements ne l'ont autorisée. La proclamation en jury du résultat de l'examen ne saurait compenser les inconvénients graves de la séparation des collaborateurs dans les fonctions mêmes de l'examen. On pourrait nous ennuyer singulièrement avec cette histoire-là. Qui ne voit que, pour l'appréciation des épreuves écrites, chose capitale, puisqu'elle décide l'admissibilité, l'unité de justice est impossible dans un système anarchique où chacun juge seul en son domicile privé, avec une pleine indépendance ?

L'inspecteur d'Académie du Lot-et-Garonne fut assez généreux pour ne pas m'attaquer sur ce point vulnérable, et il se peut d'ailleurs que les gens du dehors soient mal initiés aux mystères horrifiques de notre cuisine. Il se borna à maudire éloquemment l'injuste coup qui avait laissé sur le carreau, à la session de juillet, d'excellents élèves du lycée d'Agen, en dépit du bon témoignage que leur rendaient les livrets scolaires. Hélas! je le sais trop, et je ne suis point de ceux qui disent : Ces déplorables accidents sont rares. D'abord ils ne sont pas si rares ; et puis, n'y en eût-il qu'un de loin en loin, ce serait trop ; il faudrait rechercher et dénoncer le vice d'une organisation qui ne rend pas absolument impossible le massacre du juste.

Je suis plus radical que notre sévère et judicieux critique, l'inspecteur d'Académie. J'admettrais, pour ma part, que non seulement on eût beaucoup plus d'égard aux livrets scolaires, mais qu'on pût *ne tenir compte que d'eux* et dispenser des épreuves, tant orales qu'écrites, tout élève dont les bonnes études seraient dûment constatées. On éviterait ainsi le scandale dont je fus témoin, sinon auteur : un des meilleurs élèves du lycée de Bordeaux, ajourné au baccalauréat pour des compositions où il s'était montré, de l'aveu même du proviseur, tellement inférieur à lui-même, que les points de la version et du discours ajoutés à tous ceux du livret ne purent lui conférer l'admissibilité.

Seulement, si le principe du livret scolaire est excellent, il y a, dans l'application, des difficultés que le profane ne voit pas. Il ne suffit point, pour être déclaré bon élève et digne du diplôme, d'avoir un bon livret. Des considérations de toute sorte, — valeur inégale des établissements d'instruction publique ou privée, indulgence possible des certificats, force et faiblesse relatives des études et des élèves, faillibilité des jugements humains, véracité plus ou moins suspecte en toutes choses de la parole humaine, —rendent assez long et fort délicat l'examen de ces documents. Il exige, pour être fait comme il faut, des statisticiens et des psychologues, des hommes bien informés et très impartiaux, d'un sens subtil et fin, d'un esprit tranquille et rassis. Or, se figure-t-on le travail des correcteurs qui, accablés chacun d'une centaine de copies à lire, auraient en outre à examiner, comparer, balancer, combiner tout cela, et à peser, avec la valeur des compositions, celle des livrets ! Ce sont deux charges au lieu d'une. On parlait de nous enlever la corvée du baccalauréat, et voilà que, pour alléger le fardeau, on commence par faire crouler sur nos têtes, avec le déluge des copies, l'avalanche des livrets !

M. le Ministre de l'Instruction publique trouve-t-il juste que nous restions livrés à l'une et à l'autre inondations ? Dans une circulaire qui a fait bondir d'allégresse le cœur de M. Francisque Sarcey et des mères de famille, il nous invite à déclarer admissibles « quelles que soient leurs notes » de compositions, tous les candidats qui ont un bon livret. *Quelles que soient leurs notes !* D'honneur, nous ne demandons pas mieux. Mais alors la lecture des copies devient un passe-temps purement esthétique, dont je ne conteste pas le charme, mais dont on peut nier l'utilité. Le terme logique d'une invitation si généreuse, c'est le salut universel des candidats. Cette conséquence, très bien aperçue par M. Sarcey, ne lui déplaît nullement, et il est d'avis que le baccalauréat doit être donné à *tous les jeunes gens qui ont fait leurs classes.* Belle loi à introduire dans notre démocratie libérale, et qu'on pourrait rédiger ainsi : « Tous les jeunes Français sortis des établissements d'enseignement secondaire et âgés de seize ans, sont bacheliers. »

Parlons sérieusement. Le baccalauréat est un abîme d'iniquité. Mais il faut, d'un œil ferme, regarder au fond de cet abîme et voir clairement en quoi l'iniquité consiste.

Les personnes qui, pour la première fois, entendent parler d'injustice en cette affaire, supposent je ne sais quelles horreurs : des passe-droit, des préventions hostiles, des faveurs cyniques, peut-être des pots-de-vin et des juges corrompus ; à tout le moins, des recommandations trop écoutées ou, au contraire, négligées à tort, quand, par une exception très rare, elles étaient dignes d'attention. Erreur énorme, mensonge et calomnie ! Le

public est bien trop incapable des sentiments
qui sont les nôtres pour concevoir à quel
degré, voisin de l'excès, nous sommes justes,
je veux dire froidement indifférents à toute
autre considération que celle du mérite ou de
l'indignité du candidat. Il y a, dans notre
cruauté professionnelle, quelque chose de
celle des chirurgiens, qui voient d'un œil tranquille des opérations nécessaires à faire, non
des suppliants à écouter. Presque toujours,
quand nous corrigeons une copie, nous ne re-
gardons même pas le nom de son auteur, malgré toutes les lettres de recommandation qui
sont sur notre table. Si, aux épreuves orales,
nous interrogeons quelquefois l'élève sur ses
antécédents, sa famille, ses études, la maison
d'éducation d'où il sort, cette curiosité légitime
et rare ne recouvre jamais quelque vague et
perfide dessein de le faire échouer ou réussir
selon sa réponse. Non seulement nous sommes
impartiaux, mais nous exigeons un peu plus
des enfants de chez nous que des étrangers,
et nous déployons une coquetterie d'indulgence
pour certains adversaires que la grande multitude des sots regarde comme nos victimes
désignées. La fortune ne saurait avoir un plus
gracieux sourire pour de jeunes abbés, qu'en

les faisant tomber entre les mains d'un jury protestant.

En matière de recommandations, la pure doctrine est celle-ci : toute recommandation est une injure, puisque, par le seul fait de nous recommander un candidat, on nous suppose capables de faire fléchir la justice. Mais la rigoureuse pureté des principes est pour les anges, ou encore pour les bêtes ; elle n'est pas à l'usage des hommes. Il suffit que les recommandations soient dans la nature humaine, et que nous en fassions tous, je dis *tous*, à commencer par nous, professeurs, qui en savons le vice, pour qu'un honnête homme fuie, comme un pédantisme, le ridicule de s'en formaliser. Cependant leur utilité n'est point certaine, et, faites indiscrètement, elles peuvent nuire. Leur seul avantage probable est tout subjectif ; c'est de donner un peu plus de confiance au candidat, qui se flatte, naïf jeune homme ! qu'on en tient compte et qu'on a l'œil sur lui. A supposer qu'elles soient réellement utiles, chose encore une fois dont il est permis de douter, elles ne peuvent l'être qu'en restant rares ; autrement, ce sont les non-recommandés qui deviendraient intéressants par leur petit nombre ; et le fait est que l'abus les a

tellement avilies qu'en règle générale nous n'y
faisons pas la moindre attention.

Quand donc je dis que le baccalauréat est
un abîme d'injustice, je suis à mille lieues
d'incriminer la parfaite droiture morale des
gens de bien qui font les bacheliers ; je les ai
vus à l'œuvre, pas un n'a failli à son devoir, et
je les tiens tous pour de justes juges. Il s'agit
d'une iniquité non des hommes, mais des choses, matérielle, par conséquent, extérieure et
vraiment machinale puisqu'elle est inhérente
au mécanisme de l'examen. Ce ne sont pas les
examinateurs qui sont injustes, c'est le baccalauréat, c'est le monstre lui-même.

Considérez seulement sa pire chinoiserie :
l'échelle de 0 à 20 substituée à l'ancienne
échelle de 0 à 5 pour les notes en chiffres don-
nées aux candidats, sans qu'on puisse imaginer à cette substitution une autre cause que le
goût bizarre de nos nouveaux mandarins pour la
minutie, la complication, la pseudo-exactitude,
et leur dédain asiatique pour la simplicité. Si
ce luxe de chiffres n'était qu'inutile et ridicule,
le mal ne serait pas bien grand ; mais il est
funeste, comme on le verra tout à l'heure, aux

malheureux garçons qu'il croit servir et qu'il perd en s'ingéniant à les sauver.

Donnons-nous d'abord le spectacle de l'espèce d'intrépidité dans l'absurde avec laquelle nos réformateurs n'ont pas hésité à faire justement l'opposé de ce que le bon sens aurait voulu.

L'échelle de 0 à 20 serait nécessaire dans les concours de haute importance où les concurrents sont des hommes sollicitant des places de l'Etat, et séparés, les uns des autres, tantôt par des écarts considérables, tantôt par des différences légères de mérite. L'échelle de 0 à 5 est suffisante pour des enfants de seize ans, dont les compositions sont bonnes, excellentes, assez bonnes, passables, médiocres ou nulles, d'une façon assez nette et tranchée pour n'offrir presque jamais, hors de ces six couleurs, une richesse embarrassante de nuances. Enfin l'échelle de 0 à 10 est bonne pour les candidats et pour les examens intermédiaires. C'est donc la grande échelle qui conviendrait à l'agrégation, la petite au baccalauréat, la moyenne à la licence. Tout au contraire, le baccalauréat se prélasse dans son vaste escalier de 0 à 20 et ne sait que faire de tous les degrés dont il dispose, tandis que l'agrégation est si à l'étroit sur ses dix marches qu'elle est obligée d'introduire dans ses comptes des fractions de demi-points, de tiers, de quarts et de cinquièmes !

Intervertir l'ordre raisonnable des choses pourrait n'être qu'une fantaisie amusante ; mais l'extravagance que je critique devient grave, si elle recèle ce que les ennemis du baccalauréat ont dénoncé d'instinct comme « la grande iniquité » de cet examen, sans avoir, je crois, clairement démêlé le vice précis qui la constitue.

Que les examinateurs soient de fort honnêtes gens, incapables de la moindre injustice volontaire, cela n'empêche pas l'iniquité de consister essentiellement en une note *inégale* à la valeur réelle des épreuves : or, ne voit-on pas tout d'abord qu'un trop grand luxe de chiffres inutiles favorise cette inégalité, en d'autres termes, cette iniquité, la tente, la facilite, lui donne un libre champ où elle prend toutes ses aises et n'en a point conscience ?

La doctrine *sarceyienne*, et ministérielle aussi, du salut universel des candidats est fondée sur cette supposition, assez juste, que tous les élèves qui ont fait leurs classes régulièrement et complètement doivent être capables de *passer*. Et, en fait, les médiocrités *passables* composent l'immense majorité des copies. Dans l'ancien système de notation, le chiffre 2, qui veut dire passable, et le chiffre 2 —, qui signifie médiocre, étaient les notes les plus communes, et cette moyenne honnête, ou pauvre, suffisait au salut du grand nombre. Aujourd'hui, le correcteur du discours ou de la version ne croit pas infliger une note vraiment mauvaise en donnant 9, 8 ou même 7, qui lui paraissent correspondre à l'ancien 2 —, et qui peuvent, en effet, y correspondre *mathématiquement*; mais qu'arrive-t-il si, pour la seconde copie, la même note se répète, comme il y a tout lieu de le craindre, au lieu de se trouver compensée par une autre qui soit un peu supérieure à 10? Il arrive la mort du pauvre diable, que l'ancienne notation eût sûrement sauvé, et qui n'a plus d'espoir qu'en l'appui incertain d'un livret scolaire, peut-être passable seulement, lui aussi.

Et c'est ainsi que le chiffre 9, tuant très bien ceux qu'il feint d'épargner, est, pour achever son procès, un traître qui assassine perfidement et lâchement ses victimes. Le voilà, le mystère d'iniquité! Les amis d'une trompeuse et fausse exactitude et des additions à grands totaux qui ne servent à rien qu'à embrouiller les comptes, n'y ont vu que du feu.

Donner des notes toujours voisines de la moyenne est la grande tentation de la plupart des juges, parce que cette modération les décharge d'une lourde prépondérance dans les résultats, et parce que les nombres imprécis satisfont ce goût d'une justice tempérée, qui est l'idéal des esprits médiocres, lors même qu'elle ne répond pas à la réalité des choses. De là ces chiffres vagues et timides qui sont un peu moins ou un peu plus de 10. Il faudrait, au contraire, pour la vérité comme pour la netteté des jugements, se résoudre à supprimer tous les faux intermédiaires entre 5 et 10, entre 10 et 15, ne conserver, de 0 à 20, qu'une demi-douzaine de notes franches, et revenir ainsi, en usant des chiffres nouveaux qu'on ne peut pas changer, au jeu simple et sensé de l'ancien système.

Surtout, ce dont il faut se garder, c'est de ne parcourir que le milieu de l'échelle. On nous invite à faire de grandes enjambées ; chaussons les bottes de l'ogre. Il y a des professeurs qui, par timidité d'esprit ou froideur de tempérament, remplacent la gamme réglementaire de 0 à 20 par une division de leur choix et à l'image de leur caractère, qui s'étend de 6 à 14. Ces maîtres faisaient mon désespoir quand j'avais la responsabilité des examens. Le double inconvénient de cette notation sans franchise, c'est d'abord d'allonger interminablement, pour notre grand ennui, la file crépusculaire des médiocres, pâles ombres indistinctes, suspendues dans les limbes entre l'enfer et le ciel ; c'est, ensuite, de mettre en péril de mort les bons candidats, qu'un accident a fait tomber un peu au-dessous d'eux-mêmes pour une des deux compositions, tandis que les mauvais, qui mériteraient d'être accablés sous un de ces chiffres dont on ne se relève point, attrapent, avec leur 6, une chance de salut.

Si les passables et les médiocres sont la majorité, ils ne sont pas *tous* les candidats. Il y en a de mauvais, il y en a de détestables, il y en a de bons et même d'excellents. Mais n'est-ce pas là un inutile truisme ? Non, c'est une vérité méconnue. Certains professeurs refusent systématiquement d'admettre qu'il puisse y avoir de jeunes talents dans la génération qui grandit. Ils donneraient un 10 à Chateaubriand et peut-être un 12 à Pascal. Flegmatiques, lents et tièdes, incapables d'aucun mouvement vif de sensibilité, n'ayant

jamais eu ni belles fureurs ni enthousiasmes,
ils voient tout en ce monde, les hommes et
les choses, les œuvres et les actes, et leurs
fonctions et leurs élèves et leurs propres
travaux, et le bizarre essai de quelque futur
écrivain de génie luttant pour le diplôme, à
travers la médiocrité qui est leur état d'âme.
Ils ont pour cible de leurs traits satiriques
l'originalité hardie, pour idéal la correction
négative, et toute leur ambition, tant pour eux-
mêmes que pour leurs étudiants, du baccalauréat à la licence, à l'agrégation, au doctorat
et jusqu'à la fin de leur carrière, est de rester
dans la moyenne, de se placer, de se loger,
de se marier, d'établir leur famille, de vivre,
de vieillir et de mourir *en dix* !

Croire que tous les candidats se valent et
sont à peu près pareils, c'est méconnaître,
avec l'éternelle variété de la nature, la « loi
de division » qui régit le monde moderne et
qui devient, de plus en plus, celle des talents
comme celle du travail. Qu'on le déplore ou
qu'on s'en félicite, les vraies supériorités con-
sisteront de moins en moins dans une instruction encyclopédique vaste et superficielle. Il
y a, et il y aura toujours davantage, non seulement de purs lettrés, absolument rebelles

aux sciences exactes et qui seront peut-être
d'autant plus distingués par les dons de la fantaisie que les problèmes des mathématiques
leur seront plus impénétrables, mais encore
des écrivains habiles en français qui ne seront
pas de bons latinistes, je dis plus, de perti-
nents traducteurs d'auteurs latins qui ne seront
pas de bons hellénistes.

L'intelligence de ce fait est au fond de la
juste réforme qui a désarmé la note 0 de sa
puissance éliminatoire ; désormais, à défaut
du chiffre 20, qui n'est guère le contrepoids
du zéro qu'en théorie, un ensemble de notes
suffisamment élevées peut compenser un *nul*.
La nécessité qui oblige les esprits à se spécia-
liser toujours plus justifie en somme, quelques
critiques qu'il y ait lieu de faire dans l'application, les efforts où l'on persévère depuis une
cinquantaine d'années pour organiser avec
mesure et avec sagesse la séparation de plus
en plus inévitable des lettres et des sciences,
des études classiques et des études modernes.
Un professeur vraiment né pour cette sérieuse
fonction d'examinateur au baccalauréat, qui a
sa noblesse et sa beauté, s'appliquerait à découvrir les aptitudes ; il protégerait, à l'occasion, le mérite contre les mauvais tours que

peut lui jouer son insuffisance en certaines
parties ; mais nous sommes beaucoup trop
pressés pour prendre des soins si délicats.

Monsieur l'Inspecteur d'Académie du département de Lot-et-Garonne avait raison : c'est
une besogne inique que le baccalauréat, tel
qu'il est resté, même depuis l'institution du
livret scolaire. J'admire, comme un prodige
d'inconscience, la tranquille fermeté des juges,
que le souvenir d'une opération si lestement
escamotée n'a jamais troublés dans leurs rêves
ni dans leurs veilles. Je les complimentais
tout à l'heure d'avoir la froideur professionnelle des grands chirurgiens ; mais leur endurcissement n'est-il pas comparable aussi à
celui de certains dentistes de petite science et
de petite vertu, qui brûlant, creusant, saignant
sans douleur, arrachent par mégarde quelques
bonnes dents ? Pour moi, j'ai fabriqué des bacheliers pendant vingt-huit ans ; neuf ans, j'ai
dirigé l'usine comme doyen ; et en verité, en
vérité je vous le dis, c'est abominable.

Suspendre à un point la vie ou la mort d'un
candidat dans une notation de 0 à 20 ! Faire
une différence grosse d'incalculables suites
entre 8 et 7, entre 13 et 12 ! Être sûr de soi-

même au point d'affirmer, comme il me fut
répondu pour un discours français (épreuve
dont l'évaluation n'a rien de mathématique),
qu'un 9 ne peut absolument pas être changé
en 10, et, par cette obstination digne d'un
barbare, fermer peut-être l'entrée d'une carrière ! Ne pas voir cette évidence, qui pourtant
crève les yeux, que le sort au moins est injuste,
puisque, tombée aux mains d'un autre correcteur, la même copie aurait eu 11 d'emblée !

Sans doute, il faut savoir mentir officiellement ; c'est une nécessité du décanat, et j'ai
toujours soutenu, avec une calme effronterie,
aux mères de famille éplorées, aux marchands
de soupe effarés, que l'équité la plus irrépro-
chable régnait dans toutes nos opérations. Mais,
mes amis, vous savez bien ce qui en est, puisque j'ai fait faire au secrétariat des statistiques
d'où il ressort clairement qu'à moins de supposer, contre toute vraisemblance, que les examinateurs les plus sévères ont toujours eu les
pires copies à corriger, et que les examinateurs
les plus indulgents ont toujours eu les bonnes,
nos notes, expression authentique et intéressante de nos humeurs individuelles, n'ont
qu'une correspondance inégale, incertaine,
arbitraire, avec la valeur des compositions.

CHAPITRE SIXIÈME

AU LYCÉE DE GARÇONS

—————

Le 29 juillet 1892, j'eus l'honneur de présider
la distribution des prix du lycée de Bordeaux,
par 31 degrés de chaleur à l'ombre.

Je ne pense pas qu'il y ait au monde corvée
plus ennuyeuse que cette cérémonie, aussi longue que les plus longs enterrements, sans
offrir, comme eux, l'hygiénique avantage de
la petite promenade qui fait du bien au corps,
et la succession de scènes variées qui divertit
et amuse la vue. La multiplication des élèves,
des classes, des nominations, devenue infinie
depuis le temps de ma jeunesse où il y avait
une douzaine de classes en tout, trois divisions
au plus dans les plus nombreuses, et partout
uniformément 2 prix et 8 accessits, oblige le
censeur qui proclame les noms des vainqueurs
à parcourir l'énorme palmarès au triple galop,
les laureats à escalader l'estrade par fournées

et à se sauver avec leurs livres empilés tous
ensemble sur leurs bras, sans qu'on les cou-
ronne, sans qu'on les remarque, sans qu'ils
aient eu le temps de produire leur petit effet ;
et cependant, malgré toute cette précipitation,
la cérémonie finit si tard, qu'en cet heureux
jour personne n'a jamais pu déjeuner avant
deux heures.

Ni le discours du professeur désigné d'office, ni celui du président de la fête, ne passent
pour la moins rude partie de l'épreuve inter-
minable qui exerce la patience des assistants.

J'eus pourtant, pendant que je parlais, la
satisfaction, rarement donnée à un orateur
officiel, de voir rire à ventre déboutonné deux
sergents de ville, faisant le service d'ordre,
l'un à droite, l'autre à gauche de la double
rangée de fauteuils où étaient gravement
assises les autorités civiles, ecclésiastiques
et militaires.

D'où venait cet accès de franche gaieté ? Des
choses spirituelles que j'ai dites ? Je m'en
flattai d'abord ; mais, après réflexion, je crois
que c'était uniquement du spectacle comique
de ma majestueuse robe jaune serin.

Le professeur de rhétorique chargé du
grand discours d'usage avait pris pour sujet :

Les jeunes gens de Molière. Je traitai, pour ma part, de l'humanisation récente de la discipline dans les lycées, des punitions devenues plus rares, des réprimandes rendues plus paternelles, des pensums abolis, des jeux et des exercices physiques remis en honneur, des sociétés d'élèves autorisées, des conversations et des rires enfin permis au réfectoire et dans les rangs.

Savez-vous, mes jeunes amis, ce que de pareilles conquêtes ont coûté de temps, de patience et d'efforts? Avez-vous mesuré l'abîme qui sépare le joug léger et facile sous lequel vous respirez sans contrainte, du despotisme brutal qui opprimait les corps et les âmes « au bon vieux temps » ? Dans son charmant discours sur les jeunes gens de Molière, votre professeur de rhétorique vantait et regrettait la belle santé morale, la bonne humeur, la gaieté de la jeunesse d'alors. Si on était heureux en ce temps-là, cela prouve une fois de plus que le bien-être et le bonheur, bien loin d'être une seule et même chose, se faussent volontiers compagnie. Les jeunes contemporains de Molière étaient gais. Pourquoi? Parce que la joie de l'âme est un fruit du tempérament et des circonstances, car leur sort était beaucoup moins enviable que le vôtre. Le spirituel orateur s'est bien gardé de dire (ce qui, du reste, ne rentrait pas dans son sujet) que la jeunesse du temps de Molière était élevée à coups de bâton. Le bâton symbolise la discipline de la famille et de l'école, de l'armée et de tout le royaume au siècle de Louis XIV.

A la satisfaction d'être nés sous notre troisième

République, vous ajouterez l'orgueil d'être nés en France, si je vous raconte que j'ai vu dans un collège étranger, qui n'est pas bien loin d'ici, le bâton régner et sévir encore. Ayant été appelé, il y a vingt-cinq ans, à l'honneur d'enseigner la grammaire française au collège royal Elisabeth de l'île de Guernesey, le Principal mit entre mes mains une espèce de jonc, que je pris d'abord pour une baguette à battre les habits. Mais non, c'est ce qui est sous la veste et sous la culotte que ce jonc était destiné à fustiger. Mon Dieu, je n'en ai point fait abus. Cependant, je n'oserais pas jurer ne m'en être jamais servi. Que voulez-vous? j'étais dans une île, une île anglo-normande, et chaque peuple a ses usages, comme disait, pour la consoler, un matelot à une pauvre veuve dont le mari avait été mangé par les Cafres. La civilisation à Guernesey marche à pas de géant depuis un quart de siècle, je l'ai constaté avec plaisir dans un récent voyage : car aujourd'hui, les coups de bâton, au lieu d'être distribués par chaque professeur, sont tous centralisés dans le cabinet du Principal, seul exécuteur des basses œuvres, et qui, une ois par semaine, le lundi, je crois, convie le personnel entier du collège à cette solennité.

Si, revenant en France et remontant plus haut que le temps de Molière, je vous montrais les prisons qu'on appelait des collèges à l'époque de la scolastique, si je mettais sous vos yeux la discipline barbare dont l'idée glaçait le rire sur les lèvres du bon Rabelais et le faisait frémir d'indignation, vous béniriez le ciel, jeunes élèves, en comparant les douceurs dont vous jouissez aux humiliations et aux tortures que l'enfance souffrait autrefois.

Au moyen âge, les écoliers étaient assis par terre, dans la poussière et la malpropreté. Par une faveur exceptionnelle, en hiver, le sol était jonché de paille. Au quatorzième et au quinzième siècles, des personnes charitables tentèrent de leur donner des bancs; mais l'Église réprima aussitôt ce luxe corrupteur, et les écoliers durent rester assis par terre comme autrefois, afin de ne pas tomber dans le péché d'orgueil, *ut occasio superbiæ a juvenibus secludatur*. Quand finirent-ils par avoir des bancs? Je n'ai pas recherché la date, mais il n'y a pas longtemps qu'ils ont des tables, et tous les hommes de mon âge se souviennent d'avoir écrit sur leurs genoux leurs compositions du baccalauréat. Aujourd'hui, les candidats sont confortablement installés dans de vastes amphithéâtres, chauffés en hiver, rafraîchis par des courants d'air en été. On leur fournit tout ce qu'il faut pour écrire : encriers bien garnis, propres, non renversables; papier à discrétion, rose ou bleu pour les brouillons et blanc pour la copie, les trois couleurs nationales! On leur sert trois sujets de discours français entre lesquels on les prie de daigner choisir; puis, un texte de version latine tout imprimé, avec trois heures, au lieu de deux, pour le méditer et le traduire à leur aise. Je sais bien qu'il reste encore quelques petites choses à faire et que le progrès, rêvé par plus d'une mère de famille, sera d'offrir aux candidats, assis sur des sièges plus moelleux et munis de coussins, des boissons toniques ou rafraîchissantes, avec la traduction de la version latine en regard du texte ; mais on ne peut pas accomplir toutes les réformes à la fois, et en attendant ce dernier perfectionnement, je trouve, mes jeunes amis, que déjà vous n'êtes plus à plaindre...

Etrange et humiliante pensée que celle du long temps qu'il a fallu pour faire passer dans la pratique tant d'idées de simple bon sens! Dire qu'il y a deux ans à peine l'innocente et hygiénique liberté de la conversation aux repas et à la promenade était punie comme une faute! Dire qu'il y a deux ans à peine la punition la plus usitée consistait à copier, au nombre de deux cents, de cinq cents, de mille, des vers quelconques, pourvu qu'ils eussent au moins douze syllabes, ce qui avait fait fleurir dans les lycées une industrie, la construction de porte-plume à cinq becs, et un commerce, celui de pensums fabriqués d'avance, qui se négociaient au cours du jour, suivant les fluctuations du marché! Dire enfin qu'il a fallu une guerre malheureuse pour convaincre les Français que la connaissance des langues vivantes a une utilité vitale pour un peuple, et que la gymnastique, qui rend la jeunesse agile et robuste, est un article essentiel dans le programme d'une éducation nationale !

Vous avez grandi, jeunes gens, au milieu de ces idées libérales et raisonnables, comme si elles avaient toujours régné en France. Connaissez mieux votre privilège, et sachez que vos aînés furent moins favorisés que vous. Les égards avec lesquels on vous traite ne vous dispensent, d'ailleurs, d'aucun de vos devoirs ; au contraire, ils vous imposent des obligations que nous ne connaissions pas. Au temps où les lycées étaient des prisons et les proviseurs des geôliers, où les collégiens pouvaient dire comme une des sages bêtes de La Fontaine : « Notre ennemi, c'est notre maître », tous les méchants tours joués à l'ennemi étaient de bonne guerre, et l'opinion publique excusait, quand elle ne l'encourageait pas, la révolte des victimes contre leurs oppresseurs. Mais, aujourd'hui, quel mérite pourriez-vous avoir à tromper ceux qui vous aiment, qui ont en vous confiance et ont avancé l'heure de votre émancipation, de votre majorité morale ? Des personnes très superficielles ont cru que l'abbaye de Thélème, c'est-à-dire de la *libre volonté*, était un lieu d'indiscipline et de licence. C'est une erreur grossière. Ce monastère idéal était peuplé de gens d'honneur, et l'honneur les empêchait de faire un mauvais usage de leur liberté. Je vous souhaite, mes amis, d'être aussi honnêtes, aussi distingués et aussi studieux que les moines de Thélème, mais en ajoutant aux bonnes mœurs, à l'élégance des goûts et aux doctes études deux passions généreuses que la vie monastique ne développe guère : l'amour de la patrie et celui de la République !

Je me souviens qu'en écrivant ce discours, j'essayai de le terminer très simplement ou par quelque chose qui eût l'air d'une pensée, au lieu de ces grands mots « pompiers » qui font éclater les applaudissements d'une foule en délire.

Je m'aperçus bientôt que c'était impossible. Il faut absolument, quand on parle en certaines circonstances, devant certains publics, finir sur *patrie, humanité, république, liberté* ou *alliance russe*.

CHAPITRE SEPTIÈME

AU LYCÉE DE JEUNES FILLES

En juillet 1897, c'était notre recteur qui
devait présider la distribution des prix du lycée
de jeunes filles.

Obligé de se rendre à Paris pour affaires
administratives, il me pria de le remplacer.
Eut-il lieu d'être satisfait de son représentant ?
Auguste Couat était trop bon pour ne pas laisser ma vanité en croire son indulgent sourire ;
mais, d'une part, sa haute situation de chef à
l'Université de Bordeaux et dans l'Académie
de la Gironde, d'autre part, son caractère, lui
auraient assurément commandé, d'abord plus
de mesure, de gravité et de réserve dans le ton
général du discours, ensuite certains égards
non certes de sympathie, mais de convenance,
pour une classe de la société bordelaise dont
j'osai fort librement faire la satire, avec l'allé-

gresse d'un chasseur tirant sur un beau et facile gibier.

Les *Chartronnais*, comme on les appelle du nom du quartier qu'ils habitent, sont de grands marchands de vin, ayant gagné dans ce commerce une grosse fortune, qui a pu être fort honorablement acquise, mais prétendant constituer de ce fait une noblesse locale, fantaisie assurément ridicule. Pour singer l'aristocratie, ils en affectent tous les travers : ils sont... mais d'abord j'excepte de ma critique tous mes amis, et j'en ai aux Chartrons plus d'un qui m'est cher... ils sont réactionnaires en politique, ennemis du gouvernement républicain, abonnés aux journaux et revues de l'opposition, lecteurs quotidiens du *Nouvelliste*, j'allais dire de *la Croix*, nationalistes et royalistes, j'allais dire cléricaux, car ils sont pleins d'égards sympathiques et respectueux pour l'Eglise catholique romaine, bien que protestants pour la plupart et souvent anglais d'origine. Honteux d'être issus du schisme huguenot, ils font tout ce qu'ils peuvent pour se faire pardonner la fière hérésie de leurs ancêtres. Dans l'affaire Dreyfus, on aurait dit qu'ils s'agenouillaient au confessionnal du Père Du Lac. Dans l'affaire des congrégations, ils sont aveuglément et passionnément pour les moines, non en vertu de quelque doctrine, mais par simple révérence pour cette belle institution catholique, essentielle à l'église romaine depuis que « le monde moynant moyna de moynerie ». Ingrats envers la Révolution française, qui, seule, leur a rendu possible, parce qu'ils ont bien vendu leurs vins, d'étaler autant de faste et d'orgueil que s'ils avaient de la naissance, ils sont hostiles à tous les progrès de l'égalité démocratique. Ils prendraient, s'ils avaient le courage de leur opinion, des abbés pour élever leurs fils à domicile et les conserver purs de la promiscuité des lycées ; mais ils n'osent pas être catholiques jusque-là, et ils se contentent, pour précepteurs, d'étudiants en théologie de Montauban. Quant aux lycées de jeunes filles, on devine leurs sentiments à l'égard de cette institution démocratique et républicaine, et on les verra dans mon discours.

En le relisant, j'y trouve une mention qui m'étonne un peu de l'année 1890, comme de la date précise où les préjugés des snobs disparurent. Il est possible qu'à cette époque il y ait eu, au lycée de Bordeaux, une assez belle rentrée, comprenant une recrue importante de filles de hauts fonctionnaires, trop souvent enclins à imiter les grimaces de la fausse aristocratie ; mais je doute fort que ni en 1890, ni en aucune autre année, les demoiselles chartronnaises aient jamais franchi le seuil de notre lycée de jeunes filles, et je pense qu'il faut prendre la date que j'ai donnée pour un de ces artifices oratoires qui consistent à suggérer la vertu en la présentant comme une chose dont il y aurait déjà des exemples.

Le nombre des élèves étant beaucoup moins grand, la distribution des prix, dans les lycées féminins, n'est pas forcée de courir la poste comme dans les autres ; cependant on peut la trouver encore un peu confuse et précipitée ; les errements sont à peu près les mêmes, et il semble que, dans les établissements des deux sexes, cette cérémonie s'achemine vers son abolition finale par l'élimination graduelle de tous les caractères qui en firent jadis la solennité.

Au temps lointain de ma jeunesse, les couronnes des lauréats étaient en vraies branches de laurier. Ce feuillage sentait bon, comme celui qui décore d'un riche et odorant tapis l'escalier de nos mariées, et son ombre épaisse versait sur les tempes une délicieuse caresse de fraîcheur. N'allez pas vous figurer que j'en parle comme d'une sensation maintes fois éprouvée ; mais « j'ai sou-

venance » (comme l'âne de La Fontaine) que j'eus la
bonne fortune de ramasser une fois par hasard, sous
l'empire, — au lycée qui s'appelait en ce temps-là Lycée
Bonaparte, Napoléon Ier régnant alors... dans sa gloire,
— un deuxième prix de *thème grec*, grâce à l'incroyable
indifférence de ma classe pour cette belle langue que je
n'ai guère honorée depuis; c'était en seconde si ma
mémoire est bonne, et je me rappelle encore le baiser
si frais des feuilles naturelles sur mon jeune front, baiser infiniment plus agréable que celui qu'en cette antiquité fabuleuse les présidents des distributions de prix
avaient l'étrange coutume de donner à de grands garçons
aux joues beaucoup moins douces que les vôtres.

Aujourd'hui, les couronnes sont en 'affreux papier
vert et doré, et l'on ne fait même plus le geste de poser
ces vains simulacres sur la tête des lauréats. C'est un
acheminement vers leur suppression totale, que personne
ne regrettera sans doute. Peut-être en sera-t-il de même
des livres de prix. On ne les relie plus en veau comme
jadis; souvent on ne les relie plus du tout. L'exemple
ayant été donné de représenter certains succès approxi-
matifs, les *accessits*, par l'emblème idéalement simple de
quelques lignes d'écriture sur une page blanche, on
finira un jour par trouver logique d'étendre la pureté de
ce symbole à la seconde et à la première nomination.
On pourra même trouver que c'est plus beau. Observez,
en effet, que la seule manière vraiment digne de récom-
penser les très grands mérites est de n'avoir pas l'air de
croire que l'on puisse jamais les payer.

Quelque idéale et immatérielle que soit la
récompense, je crois qu'il faut une récompense. Si les livres de prix étaient remplacés
dans tous les lycées par la pure et simple

proclamation du nom des vainqueurs, comme on le fait à l'École alsacienne, ce ne serait une suppression ni de la cérémonie publique ni de la récompense ; ce serait seulement le dernier terme dans l'idéalisation de celle-ci. Lorsque, après les couronnes, les volumes eux-mêmes auront disparu, l'Etat y gagnera de faire une économie, sans que l'émulation y perde rien. La gloire est l'unique stimulant de la vertu guerrière, pour la femme comme pour l'homme, et toute rivalité, dans l'ordre des vertus scolaires, comme dans l'ordre des triomphes mondains, est un combat où la joie de la victoire consiste tout entière dans une *idée* dont notre orgueil s'enivre, celle de notre supériorité sur l'ennemi vaincu et humilié. Ni les riches reliures, ni les beaux volumes, ni les livres intéressants, ni les couronnes, ni les médailles, ni les certificats qu'on encadre, ne sont donc nécessaires ; il faudrait désespérer de la noblesse d'âme d'un enfant dont l'unique ambition serait la conquête d'un si misérable butin.

Mais des moralistes sévères estiment qu'à supprimer la matérialité des récompenses le gain moral serait médiocre ; car ce qu'il faut déraciner du cœur humain, selon eux, c'est justement l'orgueil, c'est le sentiment égoïste de la gloire, c'est l'ivresse méchante du triomphe, et ils condamnent comme une passion mauvaise l'émulation même des écoliers. Chimérique prétention, qu'on n'a pas besoin de réfuter à grand renfort de psychologie ; il suffit de jeter les yeux sur le pauvre système d'éducation qu'elle est obligée logiquement de choisir comme le meilleur.

C'est l'éducation solitaire, à domicile, non seulement sans camarades, sans émules, sans concurrence féconde, sans autre comparaison que celle qu'on fait avec soi-même, mais encore sans objet précis, sans résultat sensible et presque sans direction dans sa marche errante à l'aventure. Il est facile de montrer, en effet, que s'instruire pour s'instruire est une vague entreprise qui n'aboutit à rien. La science étant illimitée, son étude est sans terme, et l'on se lasse vite d'efforts qu'on ne pourra jamais mener à bout. De là la nécessité des programmes qui circonscrivent le travail, des concours qui fouettent son ardeur dans l'intérieur de ce petit cercle, des diplômes qui lui fixent un but saisissable et prochain. Pour savoir quelque chose, il est bon de ne pas apprendre tout. Ce n'est point en rompant des lances à travers la

campagne contre tous les moulins à vent qu'on
devient fort ; c'est en se mesurant avec quelques adversaires bien armés dans une lutte en
champ clos.

L'éducation de prince ou de princesse, donn-
née au foyer domestique soit par des professeurs, soit par un précepteur, et secondée par
la fréquentation de cours libres, mais sans la
sanction des examens et des concours, n'étant
pas une image de la vie, ne saurait en être un
bon apprentissage. Il faut peiner, il faut lutter,
il faut même quelquefois souffrir l'injustice ;
car rien ne trempe mieux le caractère que
l'épreuve des adversitésqu'onn'a pas méritées.

Combien de pauvres jeunes filles, déshéri-
tées de la fortune ou de la nature, ne peuvent
compter ni sur leurs rentes ni sur le mariage,
comme sur la carrière qui assurera leur existence ! Il faut bien qu'elles cherchent, comme
leurs frères, quelque noble fonction qui les
fasse vivre, s'il ne leur sourit pas de se faire
couturières ou bonnes d'enfants. D'autres, sans
qu'aucune nécessité urgente les y contraigne,
croient devoir, par prudence, se tenir prêtes à
tous les hasards. Les unes et les autres sont
obligées de se préparer à ces épreuves publiques qui n'ont d'abord ouvert aux femmes que

la carrière d'institutrices, où toutes se précipitaient, mais qui, par une juste réforme des mœurs et des lois, leur donneront accès de plus en plus à d'autres professions libérales jusqu'ici trop exclusivement réservées aux hommes.

Cependant, si les libres études, qu'une fin pratique ne dirige point, que ne sanctionne aucun succès tangible, ne sont manifestement qu'une course à la poursuite d'un nuage, celles qui sont tout entières subordonnées à la conquête d'un diplôme ne risquent-elles pas, par un inconvénient contraire, d'enfermer dans un horizon trop étroit l'esprit dépouillé de ses ailes et de sa liberté ? Fixés obstinément sur un programme, les yeux ne voient plus que cela, et la raison oublie qu'il y a autre chose dans l'univers. Obsédé par la crainte de manquer son examen, on demande à la mémoire, avec une sorte de fièvre, un secours hâtif et trompeur ; on réussit peut-être ; mais, au lendemain de cette épreuve, si pleine d'accidents heureux et malheureux, il se trouve qu'on n'en sait pas beaucoup plus long que les autres qui ont échoué.

Il faut donc découvrir un système de juste milieu, combinant les avantages de la liberté avec ceux des examens, sans offrir les dangers que ces deux méthodes présentent lorsque l'une n'est pas tempérée par l'autre.

Ce système existe, il invite toute la jeunesse, les filles comme les garçons, et c'est précisément le lycée.

Le système d'études le plus parfait pour une jeune fille nous est offert par les grands établissements d'enseignement secondaire, tels que le lycée de Bordeaux. On peut y préparer des examens; l'admission de plusieurs élèves non seulement aux brevets de l'instruction primaire, mais aux grandes écoles normales de Sèvres et de Fontenay, montre avec quel succès on l'a fait plus d'une fois. Mais ce n'est point le but de l'institution. Votre lycée, Mesdemoiselles, vous donne simplement une culture générale, comme le lycée de garçons à vos frères, avec cette différence, très heureuse pour vous, que vous n'êtes pas obligées en sortant de passer votre baccalauréat.

Pour acquérir toutes les connaissances qu'une femme sérieusement instruite doit posséder, vous n'avez qu'à vous laisser conduire d'année en année et de classe en classe : avantage inestimable, car vous ne sauriez croire à quel point il est difficile de choisir entre tant de matières qui paraissent toutes également importantes, à partir du moment où l'on ne croit plus qu'il suffise à une demoiselle bien élevée de savoir danser, chanter et compter, avec l'addition d'un peu d'anglais, d'histoire, de dessin, de religion et de piano.

Je cherche ce qu'on pourrait reprocher à l'organisation de vos études, et je ne trouve partout que des sujets d'éloge et de confiance.

Dira-t-on qu'il manque à votre programme quelque

chose d'essentiel? Non, puisque en parcourant les palmarès je vois toujours, au sommet de l'échelle, des prix non seulement de morale, mais d'instruction religieuse, et, à l'autre extrémité, des prix de « physiologie animale » : en sorte que vous pouvez, d'une part, acquérir la plus haute science, la connaissance de Dieu et de vos devoirs; d'autre part, mériter, s'il vous paraît enviable, le compliment qu'un anatomiste du dix-septième siècle faisait à la célèbre Mlle Delaunay : « C'est la fille de France, s'écriait-il tout enthousiasmé, qui connaît le mieux le corps humain! »

Dira-t-on, au contraire, qu'il y a excès de matières, encombrement, surcharge et surmenage? Non, puisqu'on a judicieusement distingué entre ce qui est obligatoire et ce qui est facultatif; en sorte que si à la nourriture nécessaire presque toutes les élèves ajoutent quelques plats de luxe, il est bien clair qu'elles n'ont pas d'indigestions.

Dira-t-on que le lycée vous accapare tout entières et vous enlève à la vie de famille? Non encore, puisque le lycée de jeunes filles de Bordeaux est un externat et que, par une admirable mesure qui lui est particulière, vous n'avez à y passer que les heures du matin et vous pouvez appartenir à vos parents (qui parfois en enragent) tout le reste de la journée.

Dira-t-on enfin que cette grande école, où toutes les classes de la société sont mêlées, n'est pas l'image même de notre démocratie et le meilleur apprentissage pour vivre dans un monde qui, Dieu merci! ne connaît plus, depuis la Révolution française, les injustes distinctions de la naissance? Non certes, nul ne pourra le dire. Mais ce qui est inconcevable, c'est qu'on ait fait un grief aux lycées de jeunes filles de ce qui est manifestement leur titre principal à l'estime de toutes les personnes de bon sens et à la reconnaissance publique.

On redoutait autrefois (je parle au passé, parce que depuis sept ans, depuis 1890, date précise, ces préjugés gothiques se sont enfin évanouis à Bordeaux, et vous trouverez, comme moi, qu'il était temps), on redoutait autrefois d'exposer les jeunes filles de l'aristocratie au contact de celles de la classe ouvrière et bourgeoise. On les enfermait, avec un soin religieux, dans le coton de certaines boîtes parfumées et sacrées, où elles ne se frottaient qu'à des personnes de « leur monde ». Je vous demande un peu ce qu'elles pouvaient y gagner, et quel précieux élargissement d'esprit devait résulter pour elles de la mise en commun de toutes leurs petites vanités? La première fois que j'ai entendu dire que, dans l'éducation scolaire, le mélange des conditions était à craindre, je me suis demandé pour qui l'on craignait, et j'avais cru d'abord que c'était pour les humbles filles, que le spectacle de la prétention peut, en effet, gâter et pervertir. Mais non, c'est pour les superbes qu'on avait des craintes, et ce qu'on voulait leur éviter, c'est cet enseignement si utile, que la naissance ne confère aucun privilège réel et qu'il n'y a plus d'autre distinction, ni entre les hommes ni entre les femmes, que la seule noblesse du mérite.

Le roi Louis-Philippe avait pourtant donné un bel exemple d'égalité démocratique à ceux qui prétendent aujourd'hui être plus royalistes que le roi, en mettant ses fils au collège Henri IV. Mais les légitimistes me diront que Louis-Philippe était un factieux. Eh bien! remontons plus haut, à Louis XIV lui-même et à son siècle, qui sans doute représentent avec assez de pureté les idées de l'ancien régime. Dès ce temps-là nous voyons la seule aristocratie véritable, celle du talent et de l'esprit, effacer absolument dans certains milieux celle de la naissance. A l'hôtel de Rambouillet, vous savez si Voiture, fils d'un marchand de vin, était honoré et fêté;

à l'Académie française, Quinault, fils de boulanger, traitait d'égal un duc et pair et l'appelait son confrère.

Aujourd'hui, par un curieux renversement, les fils et les filles de marchands de vin constituent une aristocratie nouvelle, et c'est Mlle Voiture qu'on a vu faire des haut-le-cœur à l'idée d'avoir pour camarade une jeune fille étrangère aux maisons qui sont le long du quai [1]. Mais que dire des fonctionnaires de la République, qui, croyant voir une élégance dans ces manières dédaigneuses, trouvaient de bon ton de les imiter? Félicitons-nous de parler de tout cela au passé, puisque ces sottises ne sont plus qu'un songe. La pseudo-aristocratie du commerce et de la fortune, peut-être un peu moins ridicule d'ailleurs que la pure aristocratie du sang, est quelque chose de si absurde encore qu'il est impossible d'en faire la critique, parce qu'en vérité cela n'a point de sens. Par quel bout attaquer l'insaisissable erreur qui n'offre à l'intelligence aucune prise? J'ai beau faire tous mes efforts, je ne saurais comprendre pourquoi Césarine Crésus serait dans la création un être supérieur, parce que son père a des écus; je ne comprends pas mieux pourquoi Félicité de Sainte-Nitouche de la Tour du Mont des Mirabelles, parce qu'elle n'a eu que la peine de naître, pèserait davantage que Jeannette ou Margot dans les balances de Dieu.

L'éclatante supériorité de la distinction intellectuelle et morale sur celle de la naissance, comme sur celle de l'argent, a pour moi l'évidence tranquille d'un axiome. Je ne parviens à entrer ni dans les sentiments d'un auteur

---

1. La prétendue aristocratie de Bordeaux n'est pas autre chose que la richesse commerciale, qui est une force assurément, mais non point une noblesse; elle est constituée tout entière par les grands marchands de vins groupés sur le quai des *Chartrons* et dans le quartier du même nom. Voyez p. 144.

qui, étant l'enfant d'un pauvre savetier et s'étant illustré par ses ouvrages, rougirait d'avouer son père, ni dans l'esprit d'un homme qui, étant né d'un marchand de peaux de lapin, et s'étant élevé par sa vertu et son génie aux plus hautes fonctions de l'Etat, ne serait pas rempli d'orgueil à la pensée d'une si humble descendance, d'une si fière ascension.

Et je dis en terminant : Vive la République française, qui nous fait admirer aujourd'hui, dans son chef, la perfection réalisée de cette grande idée démocratique, que chaque citoyen ne doit compter pour réussir que sur son mérite personnel, mais peut tout en attendre, jusqu'à la présidence même du gouvernement de sa patrie, puisque nous avons l'exemple encourageant et glorieux de contempler à cette première place un homme qui est le fils d'un tanneur!

Félix Faure, hélas ! ne s'est pas assez souvenu de sa glorieuse origine ; ce fils de tanneur a rêvé qu'il avait une cour et qu'il était prince : c'était aspirer à descendre.

CHAPITRE HUITIÈME

INAUGURATION DE L'UNIVERSITÉ DE BORDEAUX

L'inauguration de l'Université de Bordeaux eut lieu, le 26 janvier 1897, non dans quelque local universitaire, mais à la salle Franklin, où se donnent les concerts de la Société philharmonique.

Cette salle, suffisamment grande et bien disposée à l'intérieur, manque d'issues d'un accès commode en cas d'incendie. Je ne pouvais m'empêcher de rêver, durant la cérémonie, au beau fait divers qui aurait été l'aliment des journaux pendant huit jours, si la chute d'un lampion ou l'allumette d'un anarchiste avait mis le feu à une de nos robes de soie, dans la cohue de tant de graves personnages serrés les uns contre les autres, empêchés dans leur grand costume et fort mal accoutrés pour prendre la fuite. Avec les professeurs des

trois ordres, de Bordeaux et de la circonscrip-
tion académique, avec le recteur, avec l'administration des lycées, avec les cinq inspecteurs
d'académie. auraient flambé M. Liard, directeur de l'enseignement supérieur, le cardinal-
archevêque, le président du consistoire de
l'Eglise réformée, le grand rabbin, le général
commandant le 18ᵉ corps d'armée, M. Decrais,
ancien ambassadeur de la République française, le premier président de la cour d'appel,
le préfet, le maire, le procureur général,
beaucoup de femmes charmantes et toute la
fleur de notre jeunesse scolaire.

Il n'y eut ni lampion mal accroché ni dangereuse allumette ; mais autre chose troubla la
fête : un tumulte hostile d'étudiants, manifestation déplorable et sans cause intelligible,
dont je reparlerai tout à l'heure.

M. Liard ne prit point la parole ce jour-là.
Avec une modestie de bon goût, il s'était assis
derrière l'estrade, mêlé à ses anciens collègues ; car il n'avait voulu assister que comme
professeur honoraire de la Faculté des lettres
de Bordeaux à l'inauguration de ce qui était
son glorieux ouvrage.

Il y eut six discours : le premier, du recteur,
président du Conseil de l'Université de Bor-

deaux ; le second, du maire ; le troisième, de
l'adjoint à l'instruction publique ; le quatrième,
de M. Dezeimeris, président du Conseil général
de la Gironde ; le cinquième, de M. Roy de
Clotte, avocat, président de la Société des
amis de l'Université de Bordeaux.

Enfin, le doyen de la Faculté des lettres
prononça, lui sixième et dernier, le discours
suivant, que je crois devoir, contrairement à la
méthode que j'ai suivie jusqu'ici, transcrire
in extenso, pour deux raisons : c'est d'abord
un résumé assez complet de mes idées favori-
tes sur les études, les étudiants, les professeurs ; ensuite, ce discours ayant fait du
scandale, je n'ai pas le droit d'escamoter
peut-être, par des citations tronquées, les pas-
sages qui le provoquèrent.

Messieurs les étudiants,

Le régime nouveau des Universités est regardé avec
raison comme apportant la liberté au monde de l'enseignement supérieur, et ce présent ou cette conquête
passe manifestement pour un grand bien, puisque toute
la France l'a salué par des fêtes pacifiques, tournois
d'éloquence, banquets, représentations de gala : nobles
amusements, auxquels notre aimable et ardente jeunesse
française a même ajouté dans quelques villes les trans-
ports généreux d'une allégresse plus qu'universitaire et
vraiment débordante.

Chargé, je ne sais trop pourquoi, du redoutable honneur de prendre la parole dans la cérémonie qui nous rassemble aujourd'hui, j'ai dû chercher quelque chose à vous dire, et je voudrais examiner avec vous, jeunes gens pleins d'un si bel enthousiasme, les raisons que nous avons tous, en effet, d'être heureux et de nous réjouir.

En ce qui vous concerne d'abord, peut-être n'aperçoit-on pas très distinctement, à première vue, quel progrès libéral la création de l'Université de Bordeaux introduit dans l'organisation de vos études. Ne demeurez-vous pas soumis à la dure nécessité de subir des examens ou des concours, et, pour réussir dans ces rudes épreuves, n'aurez-vous pas toujours l'obligation étroite et pénible d'étudier les matières de certains programmes qui vous sont imposés et que vous n'avez ni délibérés ni choisis ? Il est vrai que l'on continue, et plus que jamais, de faire appel à votre amour désintéressé de la science ; mais cette invitation, de plus en plus pressante au désintéressement scientifique, vous laisse de plus en plus étonnés et incrédules. Je le comprends. C'est à peu près comme si l'on exhortait des soldats engagés dans une action meurtrière à se désintéresser de l'âpre lutte où il s'agit pour eux de vaincre ou de périr, et à dominer d'un cœur superbe l'immédiate contingence des blessures et de la mort pour contempler, dans un esprit purement scientifique, le mouvement régulier des fusils qui s'abaissent, le rapide tonnerre des charges de cavalerie, la précision foudroyante du tir obtenu par les canons du dernier modèle.

On dit beaucoup aussi que les vieux cadres qui séparaient les études en quatre ou cinq compartiments distincts et très différents les uns des autres, sont heureusement brisés et qu'au-dessus de leurs débris s'élève désormais l'idée de la Science une et indivisible, mot qu'on prononce avec une émotion sacrée et qu'on écrit avec un S majuscule. Messieurs, c'est là un mystère. Comme tous les mystères, il faut adorer celui-ci et renoncer à la téméraire ambition de le comprendre. Car, sans la foi, sans lumières surnaturelles, on ne saurait voir clairement par quel baptême mystique un étudiant de droit, de médecine, de sciences ou de lettres, en devenant membre de ce grand corps qui se nomme Université, devient quelque chose d'autre et quelque chose de plus qu'un étudiant de droit, de médecine, de sciences ou de lettres. Mais les mots, par eux seuls, ont un puissant prestige. C'est une erreur de croire qu'ils aient toujours besoin de renfermer un sens. Ne voyez-vous pas la poésie française, en notre fin de siècle, se retremper dans l'onde noire de l'inintelligible, comme les courageux baigneurs de certaines sources moins limpides que reconstituantes ? Quand ces nobles mots de science, d'université, de liberté, n'auraient d'autre vertu que d'avoir allumé chez vous une flamme nouvelle pour vos études, il faudrait les bénir, et ce serait une trahison de les soumettre froidement à l'analyse d'une chimie dissolvante qui décompose et détruit la vie au lieu de la créer. Aussi, un pareil crime est-il bien loin de ma pensée. Ce que je veux, au contraire, c'est vous montrer que vous avez raison d'être fiers et heureux d'appartenir à une grande université, libre dans une certaine mesure, libre d'une liberté qu'il s'agit de définir et dont vous avez vous-mêmes votre part ; mais j'avoue que je voudrais aussi ne pas trop me payer de mots sonores et creux, en essayant de vous faire voir avec quelque précision en quoi consiste votre liberté.

On croit trop précipitamment que la liberté est le parfait bonheur. Par là, on s'expose à des désenchantements quelquefois cruels. Il y a dans la servitude une beaucoup plus grande part d'une certaine félicité.

Regardez les enfants. Pouvez-vous imaginer créatures plus heureuses que ces petits esclaves, quand ils sont gouvernés par des parents intelligents et bons ? Ils n'ont qu'à se laisser vivre et à se laisser faire. Pleins de confiance en la providence qui les dirige, débarrassés de toute responsabilité personnelle, ils seront ce que les fera la volonté de leur père et de leur mère ; on dirait presque que cela ne les regarde point.

Et voyez le bonheur des maris gouvernés par une de ces femmes admirables dont notre Montaigne (le mari le plus incapable qu'il y ait jamais eu de tenir les rênes du gouvernement domestique) disait avec tant de bon sens : « La plus utile et honorable science et occupation à une mère de famille, c'est la science du ménage ; la vertu économique, c'est sa maîtresse qualité. » Un mari qui ne se trouvait pas assez maître chez lui s'en plaignait à un philosophe. Qui est-ce, lui demanda ce sage, qui surveille chez vous la dépense du bois et du charbon ? — C'est ma femme. — Qui est-ce qui a les clés de la cave et sait quand il faut acheter du vin ? — C'est ma femme. — Qui est-ce qui règle le travail des domestiques, le menu de vos dîners et de vos déjeuners ? — C'est ma femme. — Et vous vous plaignez ? Le pauvre homme ! Courez vite, ô ingrat ! remercier votre femme de vous délivrer de tout ce tracas. A la faveur du précieux loisir qui vous est fait, continuez, mon ami, à travailler, à penser, à écrire (le mari dont je parle était un industrieux fabricant de manuels pour tous les baccalauréats, qui se vendaient comme les petits pains), et méditez le sens profond du sage distique de Victor Hugo :

> Où donc est le bonheur, disais-je ? — Infortuné !
> Le bonheur, ô mon Dieu, vous me l'avez donné.

Vous de même, étudiants, mes amis, non, vous n'êtes pas tellement à plaindre pour être sous le joug des programmes et sous celui des maîtres chargés de les commenter à votre usage. Je ne suis pas très sûr qu'on vous ait réellement servis et soulagés en vous laissant, dans vos études et dans vos examens, la faculté de choisir entre certains sujets de travaux, entre certaines matières dites « à option » et j'ai vu plus d'un jeune homme habitué à l'ancienne notion du *devoir*, comme on appelle encore dans les lycées la composition écrite, que cette liberté nouvelle jetait dans un assez pénible embarras. Il est si bon de savoir exactement ce qu'on doit faire! Il est si agréable, quand on échoue, de pouvoir s'en prendre, non à sa propre faute, mais à la paresse ou à l'incapacité d'un maître, aux exigences absurdes d'un programme!

« L'art le plus difficile, a dit Gœthe, est de se tracer une limite. » Vous n'avez pas à prendre cette peine. Les limites vous sont tracées. Etudiez complètement les choses qu'on vous donne à apprendre : vous serez dans es conditions du succès; vous le compromettrez en vous écartant, à droite ou à gauche, de l'étroite voie qui conduit au but, pour faire l'école buissonnière. Voilà qui est net. Si la notion claire et l'exécution simple de notre tâche quotidienne est un élément du bonheur, il n'y a point de vie qui ait plus de quoi être heureuse que celle d'un étudiant, qui voit si distinctement chaque matin tout ce qu'il a à faire et qui peut s'endormir le soir avec la conscience de l'avoir fait.

Voulez-vous mesurer le prix inestimable de votre dépendance? Considérez un peu la situation navrante et comique d'un homme qui n'est plus jeune et qui voudrait s'instruire par de libres études. La première chose dont nous nous apercevons dès que l'utile fièvre des examens et des concours est tombée et nous laisse à nos réflexions, c'est que nous ne savons rien et que nous avons tout à apprendre. Il n'est guère d'homme sérieux, bachelier, si c'est là qu'il s'arrête, agrégé ou docteur, s'il a continué jusqu'au bout, qui, ayant fini, comme on dit, ses études, ne sente la nécessité de les commencer. Mais c'est l'océan tout entier à boire. Ciel! comme s'écrient les héros des tragédies classiques, que faire? où suis-je? où vais-je? et par où commencer? L'immensité de ce qui serait à faire est cause qu'on ne fait rien du tout. La montagne accouche encore une fois d'une souris. Le vaste plan d'études qui devait embrasser tout ce qu'on ignore : l'histoire, les sciences naturelles, l'antiquité, les langues, les littératures étrangères, les grands auteurs à peine connus de la littérature française... aboutit à la lecture du roman nouveau pour tout potage.

L'expérience prouve qu'on ne travaille avec suite, énergie et persévérance que pour atteindre un certain résultat tangible. S'il y avait moyen d'instruire vos sœurs sans les mettre dans un lycée et sans leur faire passer d'examens, je crois que cela vaudrait mieux pour elles; mais vous n'ignorez point qu'aujourd'hui les seules jeunes filles qui aient quelque instruction sont celles qui ont fait leurs études à peu près comme vous-mêmes; les autres, pareilles aux beaux lys dont parle l'Écriture, ne travaillent pas et, sûres d'être toujours beaucoup plus jolies que Salomon, ne savent absolument rien de rien.

Ne vous plaignez donc pas d'être rigoureusement astreints à une tâche imposée, strictement enfermés dans un horizon circonscrit. La jeunesse est le seul moment de la vie où l'on puisse avoir la satisfaction si douce de terminer ce qu'on entreprend. Plus tard, l'infini nous déborde et nous écrase. Admirez (car il faut toujours admirer ce qui est beau et bien dit) la profondeur des vues nouvelles, l'éloquence des développements oratoires à la mode, sur la science intégrale que fait luire désormais pour la jeunesse française le ciel ouvert de quinze Universités; mais, encore une fois, renoncez à en pénétrer le sens mystérieux, ne vous fiez pas trop à ces magnifiques promesses, et bornez-vous à continuer laborieusement la culture modeste de votre petit jardin.

Toute révolte est du temps perdu et de la force gaspillée, puisque la nécessité contre laquelle nous nous soulevons reste toujours la plus puissante. Ce n'est pas dans un effort si pauvre que la liberté consiste. Vous serez libres, le jour où vous ferez par raison et avec plaisir ce que vous êtes de toute façon obligés de faire. L'homme le plus sage à la fois et le plus libre est celui dont la volonté est toujours en harmonie avec la nature ou avec la Providence : et cela, c'est la définition même du philosophe soumis à l'ordre éternel des choses comme du chrétien résigné aux dispensations paternelles de Dieu. L'enfant est heureux en obéissant sans comprendre; vous serez plus heureux et vous deviendrez libres en obéissant, parce que vous comprenez. Si donc j'avais à définir votre liberté et la liberté en général, j'aimerais assez la formule suivante, malgré l'apparente contradiction des termes : la liberté, c'est la soumission intelligente et volontaire à une nécessité qu'on accepte non seulement comme la plus forte, mais comme la meilleure; c'est l'obéissance à un devoir dont l'exercice plaît parce qu'il donne la santé au corps, le repos à l'esprit et le bonheur à l'âme.

La liberté introduite dans le monde de l'enseignement supérieur par le régime nouveau des Universités apparaît beaucoup plus clairement lorsque, après avoir examiné la question en ce qui vous concerne, on nous regarde, nous, vos professeurs.

Hélas ! oui, nous sommes devenus libres, et nous nous en apercevons trop bien à tout le tracas que nous cause le régime parlementaire substitué à la paix délicieuse de l'ancien despotisme. Avez-vous quelquefois mis le pied dans une fourmilière ? L'agitation furieuse de ces petites bêtes qui courent de tous côtés est l'image de la nôtre. Pour nous, plus de loisirs, plus de tranquillité ! Nulle semaine ne se passe sans nous apporter plusieurs lettres de convocation, tantôt pour l'assemblée, tantôt pour le conseil, tantôt pour la commission de la bibliothèque ou pour celle du budget, sans parler des autres divisions et des subdivisions de notre administration compliquée.

Nous nous arrachons à nos chers travaux pour aller délibérer sur le remplacement du gaz d'éclairage par l'électricité qui bientôt s'éteindra devant l'acétylène ; sur les moyens d'améliorer la situation matérielle des garçons de laboratoire sans allumer la jalousie des concierges ; sur la question vraiment bien difficile de savoir si la fondation d'une chaire de droit civil approfondi est plus ou moins urgente que celle d'un cours de clinique gynécologique. Nous cherchons ensemble, avec assez d'harmonie, comment on remplira la caisse de l'Université ; mais, avec moins d'entente, comment on dépensera les fonds. Le droit, la médecine, les sciences et les lettres tâchent toujours d'avoir la meilleure part du gâteau, en se faisant de charmants sourires et en glorifiant l'esprit universitaire qui a fait disparaître les divisions et les rivalités d'un autre âge.

Vous n'avez pas encore beaucoup pratiqué, Messieurs les étudiants, le régime libre des assemblées, et comme je fais des vœux d'abord pour votre bonheur et pour la prospérité de vos études, je ne vous souhaite pas d'en trop faire l'expérience. Les assemblées ont plusieurs inconvénients.

En premier lieu, elles nous dérangent de nos études personnelles, qui nous intéressent infiniment plus (c'est bien égoïste ce que je dis là, mais je suis sincère) que toutes nos délibérations sur des intérêts communs.

Leur second inconvénient est moral. L'atmosphère des

assemblées n'est guère saine. Les esprits, au lieu de se rapprocher, y courent le risque de s'éloigner les uns des autres ; de s'aigrir, au lieu de se concilier. La discussion parlementaire n'a jamais convaincu personne ; elle fortifie dans leur siège déjà fait les contradicteurs habiles, et irrite les faibles dans leur résistance impuissante. De secrètes animosités personnelles viennent parfois grossir et envenimer la simple opposition des idées. Quelque inoffensif que soit l'ordre du jour, le président d'une assemblée doit toujours craindre les incidents imprévus et désagréables qui peuvent surgir d'une délibération sur n'importe quoi.

Enfin, toute réunion d'hommes donne lieu de constater un phénomène étrange, d'ordre intellectuel et psychologique. Individuellement vous êtes tous des gens d'esprit, Messieurs les étudiants. Donc vous vous imaginez que la concentration de toutes vos lumières créera un foyer d'une intensité supérieure et capable sinon d'éclairer le monde, au moins de vous éclairer vous-mêmes davantage, par la même raison qui fait que trente-six chandelles sont plus éblouissantes qu'une seule. Détrompez-vous. L'intelligence d'une assemblée n'est ni la somme ni la multiplication de toutes les intelligences individuelles qui la composent, et ce n'en est pas même la moyenne. C'est autre chose : une chose meilleure, dans quelques rares circonstances ; moindre et très inférieure, dans la plupart des cas. Le corps, formé par la réunion de tous les membres, devient vraiment un animal nouveau, inquiétant, dangereux, plus distinct et plus différent qu'on ne le croit des éléments qui le constituent. Ce monstre sera capable de choses que chacune de ses parties n'aurait jamais faites ; et voilà comment vingt hommes d'esprit rassemblés peuvent prendre des mesures fort peu spirituelles, vingt justes commettre une injustice, vingt professeurs faire une sottise.

Tels sont les maux de la liberté. Faut-il donc la repousser comme un cadeau funeste, rappeler l'ancien régime et nous rendormir mollement sur le sein de notre bonne mère, la Direction de l'enseignement supérieur, qui, en échange de notre indépendance, nous procurait une mesure abondante de paix et de studieux loisirs ?

Non, Messieurs ; il ne serait pas digne d'un homme fait de rester en nourrice. A l'âge de la minorité et de la tutelle succède l'âge viril de la majorité intellectuelle et morale. Si cet âge est arrivé pour nous, il ne faut pas redemander nos lisières et nos langes ; il ne faut pas donner raison, par notre regret de la servitude, à l'adage qu'on répète comme le plus banal de tous les lieux communs : « L'esclavage avilit les hommes jusqu'à s'en faire aimer. »

Tout présent fait à la liberté, mettant l'homme en demeure de s'en rendre digne, dévoile la honte des faibles que la responsabilité effraye, mais est l'honneur des braves qui ont le courage de l'assumer.

Il serait assurément plus doux et plus commode de nous replacer entre les mains d'un bon géant qui ferait toutes nos affaires ; mais un bon géant est un idéal sur lequel il serait trop imprudent de compter toujours. Comment serions-nous sûrs qu'à celui qui nous gouverne aujourd'hui avec tant d'intelligence et de sagesse il n'en succédera pas un autre qui pourrait fort bien nous tyranniser ? Le meilleur des gouvernements est le gouvernement paternel ; les plus heureuses de toutes les créatures sont les enfants : d'accord ; malheureusement, on a vu des pères bourreaux et des enfants martyrs.

Le régime libre des Universités est une organisation républicaine, et notre Montesquieu nous dit que le ressort des républiques, c'est la vertu. Un républicain a conscience de ses droits ; un républicain vertueux y ajoute celle de ses devoirs. La pratique de la liberté est rude, laborieuse, fatigante ; mais elle est belle : cela

suffit pour qu'elle reste chère aux cœurs bien situés et
pour que nous ne voulions plus nous laisser ravir un
bien qui fait notre dignité et notre honneur.

Soyons donc heureux, soyons fiers d'avoir enfin
conquis la liberté ! Mais que notre bonheur soit grave et
réfléchi. Ne nous réjouissons pas à la façon des conscrits
qui, lorsqu'ils vont vêtir l'uniforme militaire, oublient
dans une ivresse incompréhensible le sérieux d'une vie
désormais sacrifiée au service de la chose publique et à
l'amour de la patrie. Si, au lieu des fêtes joyeuses qui
donnent un air d'allégresse à l'inauguration des Universités, on avait décrété par toute la France un jour de
deuil et de jeûne solennel, ce symbole eût montré une
certaine intelligence de l'adieu définitif qu'il faut faire
à notre légèreté enfantine, et des austères obligations
que notre majorité nous impose.

On n'a pas décrété de jeûne, à moins que vous n'appe-
liez de ce nom l'absence, au programme de notre fête,
du classique banquet, qu'un spectacle de gala doit
remplacer ce soir ; mais on vous a fait faire un commencement de pénitence en vous infligeant, coup sur coup,
la discipline sévère de *six* discours, auxquels il est grand
temps de mettre un terme : car cette première épreuve
deviendrait un peu rude pour la vertu naissante de
notre jeune république universitaire.

La jeunesse, indifférente aux discours des
autres orateurs, s'amusant peut-être un peu
plus au mien, avait accueilli celui de notre
bien-aimé recteur par une manifestation tumultueuse et hostile dont je n'ai jamais su ni soup-
çonné la cause. Il n'y avait pas encore d'affaire

Dreyfus, et à qui s'adressaient ces absurdes murmures ? A un homme droit et bon qui était la justice et la conscience mêmes.

Un peu contenu par le respect des personnes et de la cérémonie à l'intérieur de la salle Franklin, le désordre se déchaîna au dehors avec violence ; il y eut des mouvements et des cris séditieux, des pierres jetées, des vitres brisées, un furieux assaut, le soir, contre les portes du grand théâtre où la municipalité nous offrait un spectacle de gala, un passant sérieusement blessé par un projectile dans un café où il prenait une consommation.

Aujourd'hui comme hier, je ne puis voir dans cette échauffourée qu'un de ces entraînements stupides qui partent de la seule folie d'imitation. Le simple fait que, dans d'autres villes de France, il venait d'éclater des émeutes d'étudiants, aurait dû faire, à coup sûr, prédire celle de Bordeaux aux prophètes avisés qui savent combien les hommes en général et les jeunes gens en particulier sont moutons de Panurge.

Toute sotte et absurde qu'elle fût, l'effervescence du 26 janvier attrista et assombrit la fête. L'inauguration avait eu lieu un mardi. Deux jour après, le jeudi soir, M. Liard, directeur de l'enseignement supérieur, convoqua et réunit tous les professeurs de l'Université de Bordeaux, ainsi que notre recteur, dans le grand amphithéâtre de la Faculté des lettres. Là, il nous parla « de l'abondance du cœur », pendant une grande heure et demie, sans se lasser et sans faire trouver le temps long à aucun de ceux qui l'entendirent.

J'ai rappelé ces faits dans mon rapport de fin d'année, qui contient, à l'adresse et de M. Couat et de M. Liard, un témoignage de haute et profonde estime dont je tiens essentiellement à conserver l'expression exacte et intégrale, sans y ajouter, supprimer ou changer un seul mot :

L'inauguration de l'Université de Bordeaux n'appartient pas spécialement à la chronique de la Faculté des lettres, et ce serait au doyen de cette Faculté moins qu'à personne d'y faire allusion dans son rapport, si M. Liard n'avait assisté à la cérémonie, non comme directeur de l'enseignement supérieur, mais comme professeur honoraire de notre Faculté, mêlé modestement à ceux dont il a bien voulu, ce jour-là, redevenir le simple collègue. Nous avons vivement senti l'honneur, et plus encore l'amitié, qu'il nous témoignait par cette démarche, et nous l'en avons remercié dans une lettre signée par le doyen au nom de la Faculté tout entière.

Deux jours après les fêtes du 26 janvier, le jeudi soir, M. Liard réunissait dans le grand amphithéâtre de la

Faculté des lettres tous les professeurs de la nouvelle Université de Bordeaux. Pendant une grande heure et demie, qui n'a paru longue à personne, l'ancien professeur de philosophie à notre Faculté, parlant, non du haut de la chaire, mais debout au pied de l'estrade, comme un homme du monde qui causerait dans son salon devant la cheminée, nous a entretenus, avec une éloquence d'autant plus admirable qu'elle était sans aucun apprêt, de ce qu'il avait fait, comme directeur de l'enseignement supérieur, à la suite des Dumesnil et des Albert Dumont, pour obtenir enfin la fondation des Universités, et de ce qui restait encore à faire, particulièrement de ce que les professeurs devaient faire eux-mêmes, pour achever et consolider cette grande œuvre.

J'ai sans doute entendu dans ma vie de plus beaux *discours* proprement dits, mais jamais rien qui m'ait donné une plus vive idée de la puissance de la parole, quand la parole ne fait qu'un avec la pensée, et quand la pensée, conforme à la définition qu'en a donnée Kant (« penser, c'est unir et lier »), s'anime en outre et s'échauffe à un intense foyer intérieur.

L'éminent professeur (laissons-lui ce nom, puisque c'est celui qu'il a voulu reprendre) nous a mis en garde contre un défaut proprement français : la défiance et l'aversion des nouveautés. Il a parlé aussi de la jeunesse, avec une émotion que justifiaient trop les événements du 26 janvier. J'ai toujours estimé qu'il ne fallait point chercher de sens à cette déplorable échauffourée. Ce fut un pur phénomène d'imitation et de contagion : la traînée de poudre qui prend feu jusqu'au bout ; Bordeaux a simplement suivi l'exemple parti d'autres villes. Ce qui prouve l'absence de toute idée directrice et intelligible dans la manifestation des étudiants (et je ne sais si je dois dire : « des étudiants », quand je pense à tout ce que l'émeute a mêlé parmi eux d'éléments étrangers), c'est qu'ils s'attaquaient à un homme dont pas un d'eux ne contesterait qu'il ne soit, parmi nous, l'exemple vivant de la justice, de la conscience et du devoir. Dédaignant une popularité vulgaire, mais cachant sous la gravité et la noblesse d'une attitude volontairement réservée la bonté la plus profonde, vous n'avez pas seulement, Monsieur le Recteur, droit au respect de tous ; vous avez gagné l'estime affectueuse de chacun de ceux qui vous connaissent.

M. Liard nous a donc parlé de la jeunesse avec émotion, une émotion pleine de pitié. Il en a fait un tableau assez sombre, la peignant comme « moralement abandonnée ». Il nous a dit qu'il fallait nous rapprocher d'elle, lui donner une direction morale, agir sur son âme et sur son cœur. Je n'aurais pas cru qu'il fût possible de relever à ce point, par la sincérité et le sérieux de l'accent personnel, un thème aussi rebattu que celui de l'insuffisance de l'instruction quand l'éducation ne la complète pas; mais la simplicité fait de ces miracles. Nous avons remporté de cette inoubliable causerie l'intime conviction que l'enseignement supérieur est entre les mains de l'homme le plus capable et le plus digne de le diriger, parce qu'il joint à une intelligence haute et lucide, à une volonté patiente et ferme, un ardent et généreux amour du bien.

S'il est vrai, comme j'ai pourtant un peu de peine à le croire, que les petits coups d'épingle de mon discours du 26 janvier 1897 aient désagréablement piqué M. Liard, leur excuse est qu'en toute bonne foi ils n'avaient pas d'autre intention que d'égayer autant que possible, suivant ma vieille coutume, par quelques innocentes plaisanteries, le solennel ennui des cérémonies officielles.

Mais elle n'était point une cérémonie officielle, la causerie familière et intime où ce philosophe si distingué par la hauteur de ses pensées, comme par les actes utiles de son administration, nous convia deux jours après. La profonde admiration dont je me sentis pénétré en l'entendant discourir de son œuvre et de nos devoirs, me fit mesurer la différence qu'il y a entre le badinage au rire vain et la gravité éloquente, entre l'effort pour plaire et la simplicité, entre la fantaisie qui s'amuse sans autre objet que l'amusement, et le sérieux qui touche le fond des cœurs et va au fond des choses.

CHAPITRE NEUVIÈME

OBSÈQUES DU RECTEUR

Lorsque, à la rentrée de novembre 1897, je fis à notre recteur ma visite habituelle moins de déférence que d'amitié, je le trouvai plongé dans la brochure de Bernard Lazare, qu'on avait envoyée à tous les fonctionnaires principaux de l'instruction publique et que j'avais reçue comme lui. Il me demanda si je l'avais lue. Je dus avouer que je n'y avais pas fait la moindre attention, et que la démonstration d'une nouvelle erreur judiciaire ne me semblait pas d'une importance à nous distraire de nos études.

— Vous avez tort, me dit-il. Lisez, la chose en vaut la peine. Pour le logicien, pour le psychologue, pour le moraliste, pour l'homme, c'est une question des plus intéressantes.

Bientôt l'affaire Dreyfus passionna toute la France, et j'en causai souvent avec celui qui

m'en avait, le premier, signalé le grave intérêt.
Dès la scandaleuse comédie de l'acquittement
d'Esterhazy, Auguste Couat, comme M. Tra-
rieux, comme Pécaut, comme tous les honnêtes
gens un peu attentifs que n'aveuglaient pas
d'épais préjugés, fut convaincu, autant que
Zola lui-même, que le petit officier juif était
victime non d'une simple erreur judiciaire, mais
d'une volontaire injustice, et son indignation
fut profonde.

A l'heure où les journaux de Paris arrivent
dans nos kiosques, il y avait chaque soir, durant « l'affaire », une grande affluence de pro-
meneurs au coin du cours de l'Intendance et
des allées de Tourny. C'est là qu'un jour de
juin, au moment où je venais d'acheter *le Siècle*
et où j'y parcourais du regard une nouvelle liste
de signataires apportant au colonel Picquart
l'hommage de leur admiration, je rencontrai
le recteur Couat.

— Eh bien ! me dit-il, vous avez signé. Vous
avez eu raison. Je voudrais bien avoir la liberté de faire comme vous.

Il souffrait cruellement de la réserve que lui
imposait sa haute situation de représentant du
pouvoir.

Vers le milieu de juillet 1898, six jours

avant sa mort qui fut presque subite, il y eut chez lui une petite soirée d'amis. Dans ce milieu familier, Couat s'exprimait librement. Les dernières paroles que j'entendis tomber de sa bouche furent une réponse bien éloquente, d'une part, à des professeurs, à des magistrats sceptiques qui, par paresse de cœur ou d'esprit, prétendaient encore douter d'une évidence absolument acquise aux yeux de tout homme qui voulait faire usage de sa conscience et de sa raison ; d'autre part, à ces politiciens, d'une moralité pire, qui, pour étouffer l'agitation, invoquaient la raison d'Etat. Pâle de la maladie dont il mourait, les lèvres tremblantes d'émotion, il termina la discussion en ces termes tragiques, pendant que, surpris par des accents si solennels, nous restions consternés et muets autour de lui :

— Ainsi, Messieurs, vous vous asseyez sur la pierre du tombeau où *vous savez* qu'un innocent est enterré vivant !

Les obsèques d'Auguste Couat, recteur de l'Académie de Bordeaux, président du Conseil de l'Université, eurent lieu le 23 juillet 1898. M. Debidour, inspecteur général de l'Instruction publique, le préfet de la Gironde, le doyen

de la Faculté des sciences, vice-président du
Conseil de l'Université, d'autres orateurs encore parlèrent dans cette cérémonie. J'y pro-
nonçai, à mon tour, le discours suivant, qui
me valut six mois de suspension par arrêté
ministériel du 25 juillet :

Un juste vient de mourir. Tout ce que les mots : fidé-
lité au devoir, droiture, délicatesse morale, conscience,
véracité, modestie, simplicité, courage, amour de la
justice, représentent de vertus, M. Couat les incarnait
en sa personne. Il était le sage selon la définition de
Marc-Aurèle, et nous avons l'impression amèrement
triste, qu'avec lui c'est peut-être la dernière grande âme
antique qui s'en va. L'Université de Bordeaux ne pouvait
pas faire une perte plus sensible, non seulement parce
qu'il était notre chef, mais parce qu'il était notre modèle ;
il suffisait de le voir accomplir son œuvre scrupuleuse-
ment, tranquillement, avec cette régularité exacte qui
sait le prix du temps et n'a jamais besoin de rien pré-
cipiter parce qu'elle ne perd pas une minute, — il suffisait, dis-je, de contempler cet idéal pour connaître les
conditions auxquelles nous serions tous de parfaits
hommes de bien.

Le sentiment qu'il inspirait était quelque chose de
plus rare et de plus beau que le respect : c'était la véné-
ration, c'est-à-dire le respect pénétré de tendresse et
d'amour ; quand c'est un homme jeune encore qui fait
éprouver un pareil sentiment à ses aînés, on peut être
sûr qu'un tel homme s'élève au plus haut sommet de
l'échelle morale. Sous sa réserve un peu austère, on
sentait une bonté profonde qu'ont bien connue et tous
ceux qui ont joui de son intimité et tous ceux qui, dans

les difficultés de leur existence ou de leur carrière, ont eu besoin de recourir à son autorité bienveillante.

Le caractère de son activité était de subordonner toujours ses travaux accessoires à ses fonctions essentielles. De là vient que le nombre de ses excellents ouvrages est assez petit. Il ne s'est permis d'y consacrer que les très rares instants de loisir que lui laissaient ses devoirs professionnels. Successivement professeur de lycée, professeur de Faculté, doyen de la Faculté des lettres de Bordeaux et adjoint au maire dans le département de l'Instruction publique, membre du Conseil supérieur de l'Instruction publique, recteur de l'Académie de Lille, recteur de l'Académie de Bordeaux et président du Conseil de l'Université, enfin président du jury de l'agrégation de grammaire, nous l'avons vu déployer, dans les diverses occasions où il a pris la parole, deux qualités de grand prix, l'une intellectuelle, l'autre morale, que personne, je pense, n'a jamais possédées à un degré supérieur : d'abord, une merveilleuse lucidité d'esprit qui le rendait maître de toutes les questions et lui faisait débrouiller les affaires les plus compliquées et les plus obscures avec une clarté souveraine; et puis, dans tous les discours qui prêtaient à l'éloquence, une grande noblesse de pensée, caractère éminemment distinctif de son talent d'orateur et d'écrivain. Même dans les punchs d'étudiants, il ne prenait pas la parole pendant cinq minutes sans la transporter à des hauteurs qui faisaient, de ses moindres toasts, des leçons d'une sublime philosophie.

Détaché de toutes les religions positives, son culte pour la science était vraiment religieux; il avait une foi ardente et profonde dans sa vertu moralisatrice. Ecoutez, Messieurs, cette page admirable; toute sa belle âme s'y reflète :

« A la hauteur de l'absolu, science et vertu sont synonymes... Poursuivie pour elle-même, la science satisfait à elle seule le besoin d'activité et d'expansion qui est le mobile de tous les actions humaines et la raison d'être de la vie; elle est par là une source de moralité. Auprès des joies qu'elle donne, toute autre joie paraît inférieure. Elle fait plus : elle doit nécessairement aboutir à conseiller, sinon le sacrifice, — on pourrait le soutenir, — au moins le désintéressement. La devise des stoïques doit être finalement celle de la science; elle conseillera de s'abstenir parce que les choses ne méritent pas qu'on les désire, et de supporter parce que nous ne pouvons rien contre elles. A mesure que l'homme connaît plus de choses, il comprend mieux la vanité de ses désirs; quand même les forces du monde lui paraissent immorales, il ne se mêle pas aux conflits des passions qui l'environnent; la science, en lui révélant les limites de son action et de sa puissance, lui apprend au moins le mépris du mal, et, à défaut de l'espérance, la résignation. »

Et d'où cette page est-elle tirée? De celui de ses ouvrages où on l'aurait assurément le moins attendue, de son livre sur Aristophane! C'est ainsi que tout s'ennoblissait sous ses mains. Mais il avait une prédilection pour les saints laïques, et dans les dernières années de sa vie, les *Pensées de Marc-Aurèle* étaient son livre de chevet.

Auguste Couat est mort dans la force de l'âge, comme ceux que les anciens appelaient favoris des dieux. N'en soyons point surpris. Quand on sait les cruelles blessures de sa vie, on s'étonnerait plutôt de la durée et de la force de sa résistance. Eprouvé dans ses affections de famille, depuis seize ans, par le plus terrible chagrin domestique qui pût affliger l'amour et l'ambition d'un père, son stoïcisme avait surmonté sa douleur, et c'était une chose admirable de voir son beau visage toujours calme et serein, quand personne n'eût trouvé étrange qu'il demeurât en proie à la plus noire mélancolie.

A son ancienne affliction de famille s'était ajoutée, dans les dernières années de sa vie, une souffrance patriotique atroce. Lui, l'homme de la justice et de la logique, il éprouvait une véritable horreur devant les violences sectaires, devant la confusion et le désarroi de toutes les idées égarées par un vent de déraison furieuse. Je ne dois pas m'étendre sur ce sujet, et je n'en dis rien, de peur d'en dire trop. Mais il faut que l'on sache que cet homme, saintement passionné, prenait à cœur, jusqu'à en être malade, les maux et les hontes de son pays ; et s'il ne m'est pas permis d'indiquer plus clairement de quel côté était la grande âme de ce noble « intellectuel », disons seulement (puisque ce langage n'est une offense ni pour l'un ni pour l'autre parti) que la profonde blessure de son patriotisme avait aussi atteint les sources de sa vie.

Messieurs, la justice se trouve parfois éclipsée par les nuages de la passion. Si, aujourd'hui, nous ne savions plus où elle est, suivons toujours les pas de ce juste : nous serons certains d'être dans la vérité. J'ai dit.

J'ai donné, dans mon ouvrage des *Réputations littéraires*, l'histoire de ce scandale, le dernier de mon décanat et le plus gros, à moins que mes *Billets de la province*, contemporains de mon discours du 23 juillet, ne paraissent plutôt devoir clore la série par ordre de chronologie ou d'importance. Je ne redonnerai point de cette histoire une seconde édition ici, et je veux, au contraire, en renvoyant mes lecteurs à la page 18 du tome II, faire un peu de réclame au meilleur de mes livres, très généralement ignoré pour l'heure, mais qui sera classique après ma mort, s'il y a une justice littéraire, belle promesse dont, malheureusement, je ne suis pas sûr du tout.

Si ma qualité la plus recommandable ou mon défaut le plus ridicule n'était pas une sincérité ennemie de ma « gloire », je dirais, les mains croisées sur mon cœur et les yeux levés vers le ciel, avec l'air d'un martyr broyé par une puissance injuste : Lisez ce discours, relisez-le, et dites si vous y trouvez une phrase, si vous y trouvez un mot qui justifie la mesure disciplinaire dont son auteur fut frappé ! Mais étant véridique et sincère avant tout, j'avoue très humblement que j'eus ce que je méritais.

Dans un discours, il faut toujours distinguer deux choses : le texte et la musique. Le texte peut vous paraître innocent ; mais la *musique*, lecteurs, vous ne l'avez pas entendue [1] !

1. Dans son oraison funèbre du Recteur, prononcée avant la mienne, le préfet de la Gironde avait dit à peu près les mêmes choses que moi, mais sans la « musique ». Tout récemment, aux obsèques de Gaston Paris, M. Chaumié, ministre de l'Instruction publique, a loué hautement ce grand honnête homme d'avoir montré dans l'Affaire la même passion de justice que j'avais célébrée chez Couat, comme M. Aulard en faisait la remarque, le 18 mars, dans un article de *la Dépêche* de Toulouse. Cette fois la *musique* y était ; mais nous sommes en 1903, et cinq ans sont passés.

Malade ce jour-là, consumé par la fièvre, j'imprimai à chaque syllabe de ma funèbre mélopée un éclat sombre, une ardeur extraordinaire, le timbre et l'accent d'une passion contenue qui bout intérieurement et va faire sauter le couvercle, et c'est un secret défi à tout ce que les hommes révèrent, le gouvernement, l'Eglise, la justice civile et militaire, l'armée, qu'on sentait vibrer insolemment dans les deux petits mots de ma conclusion : « J'ai dit ! »

Oui, je provoquai tous les pouvoirs publics ; oui, j'insultai l'armée. Vous ne vous en doutiez pas, bonnes gens ; mais c'est comme j'ai l'honneur de vous le dire. Le député journaliste, long comme un jour sans pain, sérieux comme un âne qu'on étrille et pommadé comme une enseigne de coiffeur, qui, vers quatre heures, chaque après-midi, fait courir dans Paris les premiers lampions du crépuscule, n'a-t-il pas écrit dans sa patriotique feuille d'un sou, pâture des gobe-mouches du boulevard :

« Il a outragé le ministre de la guerre, le gouvernement tout entier, l'état-major, les chefs de l'armée, la Chambre des Députés... C'est un retentissant défi à la loi, aux pouvoirs publics, aux institutions de la République, à la nation !... A l'ordre, ce factieux ! »

La langue turque, observait Covielle, « dit beaucoup en peu de paroles ». La mienne aussi. Mais, pour apercevoir dans mon discours tout ce qu'y a découvert le clairvoyant directeur du plus vite allumé des journaux du soir, il faut des yeux très fins qui lisent entre les lignes. Ceux qui me virent pâle et frémissant et m'entendirent gronder « demeurèrent stupides », et cette *stupidité* se soulagea dans ce cri du cœur d'un de mes collègues, bon nationaliste : « Assez ! »

L'après-midi qui suivit cette matinée mémorable, la salle des Pas-Perdus, dans notre palais de l'Université de Bordeaux, présentait l'aspect d'une ruche d'abeilles où un frelon s'est introduit. Jamais agitation ne fut plus naturelle. De bonne foi, mes collègues pouvaient-ils rester sans s'émouvoir, sans protester contre un doyen qui semblait les engager avec lui dans l'opposition et la révolte ? Mettons-nous à leur place ; mais il faut croire que cette substitution est bien difficile à la nature humaine, car peu de gens en sont capables ; de là tant de jugements faux, précipités et injustes. Je parierais que, parmi les professeurs, la minorité éclairée qui au fond était avec moi et qui refusa de s'associer à la protestation, ne souffrit pas moins que la majorité, souffrit peut-être davantage encore de la blessure que j'avais faite aux convenances. Dans une cérémonie officielle, avoir tort *dans la forme*, c'est avoir tort de la façon la plus grave.

Je reconnais donc que c'est avec justice que les foudres ministérielles tombèrent sur moi, et je crois en conscience que, si j'avais été ministre, je me serais senti forcé d'agir comme l'honorable Jupiter tonnant, M. Léon Bourgeois. Non, je n'avais pas volé ma suspension, qui ne m'apporta, d'ailleurs, avec les félicitations de tous les braves cœurs de la France, qu'un très agréable repos administratif.

Il serait étrangement impropre de dire que j'ai tout pardonné à mes collègues protestataires, puisque je n'avais rien à leur *pardonner*, leur manifeste, très mesuré dans ses termes, étant non seulement exempt d'offense, mais n'étant, à bien juger la chose, qu'une légitime riposte à une offense partie de moi. Non, jamais, même au jour le plus aigu de la crise, jamais je n'ai pu donner raison à certains de mes amis, véritablement trop naïfs, qui s'indignaient de voir « des professeurs renier lâchement leur doyen » ! J'ai toujours

estimé que c'était leur droit, leur droit de
fonctionnaires et d'hommes, leur droit acquis
et leur droit élémentaire. La conscience de
l'humeur excessivement indépendante qui me
caractérise moi-même, me rend on ne peut
plus facile de la trouver bonne chez les autres,
voire chez ceux qui me contrecarrent et me
combattent.

Ce que j'ai beaucoup plus de peine à excu-
ser, c'est... comment dire cela? Gardons-nous
des mots vifs qui qualifient, des mots secs qui
résument, et disons, fût-ce un peu longuement:
c'est l'état mental des personnes qui, pour se
faire un avis, devenu obligatoire, dans une
question dont toutes les pièces décisives sont
sous leurs yeux et sur laquelle on a répandu
la clarté à larges flots [1], font appel non à la
raison, mais à l'autorité. Victor Hugo écrit
dans le *Post-Scriptum de ma Vie* :

— Tu vois ce mur-là?
— Oui, mon général.

1. On peut obscurcir et rendre douteuse l'évidence même
par toutes sortes d'inventions et de suppositions fantastiques ;
et c'est la dernière manœuvre de ceux que la vérité réduit
aux abois. A la clarté de la première démonstration, largement
convaincante et qui me suffit, ont succédé, pour faire durer
ou revivre l'Affaire, certaines ténèbres factices dont les esprits
faibles peuvent seuls être troublés, machination laborieuse
d'un parti vaincu, exaspéré de sa défaite.

— De quelle couleur est-il?

— Blanc, mon général.

— Je te dis qu'il est noir. De quelle couleur est-il?

— Noir, mon général.

— Tu es un bon soldat.

Un bon soldat, ou encore un bon catholique, ou enfin un bon Français, au sens nationaliste du mot. Pour moi, je suis un mauvais soldat, un mauvais catholique et un mauvais Français, si, pour être *bon*, il faut croire, avec les doctrinaires du nationalisme, qu'il n'y a point de justice absolue, ni de vérité universelle, mais seulement une vérité locale, une justice contingente et relative, consistant, en l'espèce, à fusiller, dans l'intérêt de la paix publique, un juif injustement envoyé au bagne, quand ses cris importuns détruisent le précieux bien de l'ordre et font un trouble scandaleux.

Esprits bien disciplinés ou mauvaises têtes : la naissance et l'éducation font de nous l'un ou l'autre, et ce sont deux contraires qui naturellement se haïssent, se méprisent et ne peuvent point s'entendre. Les premiers sont les conservateurs honorés et bénis de l'ordre et de la paix ; les seconds, qui renversent les autels, inventent le christianisme, la réforme, la révolution, le socialisme, les grèves, l'anar-

chie, et par le chemin de la douleur nous mènent au progrès, sont d'insupportables déran-
geurs des choses. La société, qui souhaite
avant tout qu'on la laisse dormir tranquille,
peut très bien se passer d'eux ; elle ne peut
pas se passer de citoyens docilement soumis à l'autorité.

Quelle étrange moquerie de ma destinée a
fait de moi un *doyen*, c'est-à-dire un personnage assez considérable en somme, et détenant,
sinon une part importante, au moins une par-
celle de l'autorité publique ! Nul n'était moins
né que moi pour régner, comme pour gouverner.

J'ai, bien authentiquement, le contraire de
la « bosse » du respect ; car les égards que je
rends d'assez mauvaise grâce à mes supérieurs
en rang et en dignité, je tiens peu à ce que
mes inférieurs me les rendent. J'aime que les
enfants se mettent avec moi sur le pied d'une
familiarité excessive. Je me suis donné à moi-
même un sobriquet ridicule, et ceux qui me
désignent par ce surnom irrévérencieux me
font plaisir. Le protocole, l'étiquette, un certain
décorum et de certaines convenances me paraissent avoir été inventés pour que les gens

d'esprit aient l'occasion de donner la mesure de leur grâce naturelle en secouant galamment ce joug.

Au commencement de mon décanat, quand on me disait : « Monsieur le Doyen », je me retournais et cherchais à qui des paroles si drôles pouvaient bien s'adresser; même depuisque j'y suis plus accoutumé, je n'ai jamais cessé d'en sentir l'ironie, et il me semble toujours que c'est une constatation de mon propre néant qu'on veut faire. Oh ! quelle pitié d'être doyen, si l'on a de soi-même une assez pauvre opinion pour tirer toute sa valeur de ce titre et non de son mérite personnel comme savant ou comme écrivain !

Ce serait me demander l'impossible d'attendre de moi que je me prenne au sérieux dans une cérémonie publique, par exemple, dans le rôle de président d'une distribution des prix. Il n'est pas probable qu'on ose me confier encore une place d'honneur, où j'ai donné des preuves de mon inaptitude à soutenir dignement la majesté de la robe jaune ; mais si jamais on commet cette imprudence, on peut être bien sûr que je ferai tout ce qui dépendra de moi pour faire perdre aux sergents de ville eux-mêmes leur gravité.

Je reste, plus que sexagénaire, écolier dans
l'âme, écolier non de philosophie, mais de
troisième : c'est la classe et c'est l'année de ma
vie où j'ai le plus ri, grâce à l'accent picard et
aux colères bouffonnes de notre petit professeur, M. H..., l'excellent comique sans
le vouloir du lycée Bonaparte. Comment au-
rais-je la crainte sacrée des jugements et des
lois, puisque j'en trouve les auteurs grotes-
ques ? Je suis d'avance du parti de tous les
justiciables contre les juridictions dont ils re-
lèvent, et peu s'en faut que je ne sois pour le
voleur contre le gendarme... sauf quand c'est
moi qui suis volé.

Dans une solennité comme celle de l'inauguration de l'Université de Bordeaux, où je
parlais en présence de toutes les autorités de
la ville et devant mon chef hiérarchique, le
directeur de l'enseignement supérieur, personnage non seulement éminent, mais grand
homme dans la sphère de son activité, puisque
l'admiration et le respect du monde entier en-
tourent l'auteur de la grande réforme que nous
célébrions avec reconnaissance, mon démon
m'inspira une tentation irrésistible de changer
la cérémonie en farce. On s'ennuya peut-être
moins au sixième discours qu'aux cinq autres ;

mais il y a, dit l'Ecclésiaste, « une saison de rire », et ce n'était point celle que j'avais choisie. J'eus donc tort encore une fois dans la forme et fus inconvenant. Il fallut absolument remettre les choses au point. Pour corriger l'effet scandaleux des trop grandes libertés que j'avais prises, mes bons amis, les philosophes, rédigèrent, presque séance tenante, au nom du doyen de la Faculté des lettres, une belle adresse de félicitations et de remerciements à M. Liard, que je signai avec plaisir et sans le moindre regret de ma faute : signe déplorable d'endurcissement et de légèreté ! Mais que voulez-vous ? Tout cela, discours, adresses, séances de rentrée, inaugurations, cérémonies publiques, a si peu d'importance ! tout cela n'est-il pas comparable au vent qui grossit sa voix et qui passe ?

Tel étant mon caractère, on comprendra que je ne veuille, à mon enterrement, ni robes, ni discours. Les robes symbolisent ce qui m'est le plus antipathique au monde : le masque officiel. Quant aux discours, j'avoue qu'il me serait assez doux d'espérer qu'aussitôt après ma mort, mon talent d'humoriste et d'écrivain recevra enfin la justice éclatante que la critique française, personne timide, avare et jalouse, lui a si mal rendue pendant ma vie ; mais les braves orateurs qui feraient mon éloge au pied levé, sans avoir eu le temps de penser aux choses qu'il faut dire, iraient encore me peindre comme un professeur docte ou comme un moraliste grave, et diraient, en mauvais style, trop de bêtises.

Quand ma santé fut rétablie, je n'attendis pas le terme de la suspension de mes fonctions administratives pour reprendre mon enseignement. Un charivari formidable accueillit ma rentrée, le 10 janvier 1899. Pourquoi cette scène de violent tumulte me causa-t-elle si peu d'émotion, que j'y assistai comme à un spectacle plutôt divertissant ?

D'abord, parce que j'étais au fond assez content de moi et trop heureux d'avoir raison contre des adversaires dont la prodigieuse sottise m'émerveillait comme un phénomène de l'ordre animal. Ensuite, parce que mes étudiants étaient complètement étrangers à cet assaut et qu'ils se constituèrent même mes défenseurs, groupés autour de moi et me faisant un rempart de leurs corps contre les insultes de *gentlemen* venus des cercles catholiques, et d'une foule de polissons sortis on ne

sait d'où, qui, dans les jours d'émeute, sem-
blent surgir des pavés de la rue, des caves,
des ruisseaux et des bouches d'égout.

Soit à Grenoble comme professeur, soit à
Bordeaux comme professeur et comme doyen,
je conserve de mes chers étudiants en général le meilleur souvenir. J'ai beaucoup aimé
plusieurs de ces jeunes gens, et ils me l'ont, je
crois, bien rendu. Il est probable que mon
humeur, très médiocrement magistrale, plaît à
la jeunesse, précisément par ce qui doit la
rendre peu sympathique aux autorités.

Avec la majorité de mes collègues, partagés
en deux camps inégaux, à l'instar du reste de
la France, l'harmonie ne pouvait plus être
qu'aigre-douce. Si, d'un accord tacite, nous
eussions pu oublier ou feindre d'oublier nos
griefs réciproques dans l'affaire de juillet, la
récente offense de mes *Billets de la Province* [1]
était venue combler la mesure des scandales
et verser comme un acide brûlant sur une plaie
vive et fraîche.

Je repris, après six mois d'interruption, mes
fonctions de doyen, et je les continuai jusqu'au

1. Il s'agit de la publication en librairie (un volume de
188 pages, chez Stock) de ces petits pamphlets signés Michel
Colline, qui avaient paru d'abord dans *le Siècle*.

terme régulier de mon mandat, c'est-à-dire pendant dix mois encore. J'étais bien résolu à ne quitter ma charge et mes honneurs qu'à la date où ils devaient me quitter d'eux-mêmes, et je ne dis pas que cette fin de règne fut la soirée sereine et resplendissante d'un beau jour ; mais je tenais beaucoup à ne pas donner ma démission : j'aurais fait trop de plaisir aux nationalistes.

Le jour où mes collègues m'avaient fait l'honneur et l'amitié de m'élire doyen pour la troisième fois, *à l'unanimité*, je leur avais déclaré, en les remerciant profondément, que cette nouvelle période serait bien décidément la dernière, et que je déclinais d'avance toute candidature aux prochaines élections. Je tins simplement ma promesse en novembre 1899.

Aujourd'hui, réconcilié avec tout le monde, ayant commencé une vieillesse heureuse, librement et modérément occupée aux choses qui m'amusent et que j'aime, je goûte, depuis trois ans et demi, les tranquilles douceurs de l'honorariat, et la conclusion de ma triple expérience, après avoir laissé le meilleur des secrétaires administrer neuf ans sous mon

nom les affaires de la Faculté des lettres de
Bordeaux, c'est que le plus sage est sans doute
de ne jamais être doyen, mais qu'il est agréable de l'avoir été.

(Juin 1903.)

TABLE DES MATIERES